KIMIKO BARBER

LA CUISINE JAPONAISE

PHOTOGRAPHIES JEAN CAZALS

SOLAR
EDITIONS

REMERCIEMENTS

Mes remerciements s'adressent d'abord et avant tout à Kyle Cathie qui m'a offert l'opportunité d'écrire ce livre, puis m'a soutenue par ses encouragements et son aide généreuse.

Merci à Ivan Mulcahy d'avoir été un guide réconfortant.

Mes remerciements s'adressent aussi à toute l'équipe de Kyle Cathie : Sophie Allen, l'éditrice, toujours gaie et enthousiaste, Wei Tang, styliste-accessoiriste, qui doit avoir répertorié pour moi toutes les sortes de baguettes disponibles à Londres, et Lisa Pettibone, qui a conçu graphiquement cet ouvrage. J'ai adoré travailler avec une photographe et toute une équipe de stylistes culinaires français – mes remerciements vont tout particulièrement à Jean Cazals qui a fait de si remarquables photographies et à Marie-Ange Lapierre pour la beauté de son stylisme culinaire.

Enfin, les derniers remerciements, mais assurément pas les moindres, sont destinés à mon époux Stephen.

Les céramiques présentées pages 81, 87, 98, 136, 141, 153 ont été faites par Kimiko Barber.

Traduction : Marie-Odile Kastner
Édition : Sophie Lilienfeld
Création graphique du coffret & couverture du livre : Guylaine Moi

ISBN : 978-2-263-06341-1
Code éditeur : S06341
Dépôt légal : septembre 2013
Imprimé en Chine par Imago

Solar | un département **place des éditeurs**

place des éditeurs

Sommaire

Introduction

Ce n'est pas ce que nous sommes, mais ce que nous mangeons, la manière dont nous le préparons et la façon dont nous le dégustons qui déterminent notre silhouette et notre santé.

Cet ouvrage est directement issu de la conception japonaise de la nourriture – ce que l'on mange et la façon dont on le mange –, dont les meilleurs symboles sont assurément les baguettes. Puisque tous les plats japonais se dégustent avec des baguettes, il en va de même de la quasi-totalité des recettes proposées dans cet ouvrage. Des études ont montré que leur utilisation pendant les repas ralentit le rythme d'absorption des aliments et que, au final, on mange moins. Il s'écoulerait une vingtaine de minutes entre le moment où l'estomac se remplit et celui où le cerveau envoie des messages de satiété. Essayez donc d'absorber avec des baguettes la quantité de nourriture que vous prendriez avec un couteau et une fourchette, et vous vous rendrez rapidement compte que c'est une mission pratiquement impossible ! Si vous mangez vite, comme la plupart des gens à notre époque, votre cerveau n'a pas le temps d'évaluer la quantité précise de nourriture ingérée. C'est pour cette raison qu'il vous est si difficile de savoir à quel moment il faudrait vous arrêter et que vous mangez généralement beaucoup plus que nécessaire. Le fait de manger doucement est donc globalement très positif.

Si vous êtes déjà allé dans un restaurant japonais, vous connaissez la taille des portions qui y sont généralement servies. En effet, la cuisine japonaise est proposée en modestes quantités dans de petits plats. Un bol de riz ou de soupe tient facilement dans la paume de la main et leurs accompagnements occupent des assiettes et des bols plus petits encore – et tout cela convient parfaitement aux baguettes. *Hara hachibu* est un dicton japonais qui dit explicitement qu'il faut consommer 80 % de ce que vous aimeriez manger, mais pas plus ! Il est donc bon de quitter la table alors que vous avez encore une petite faim et non lorsque vous avez l'impression que votre estomac s'apprête à déborder.

Ainsi, il apparaît que le fait de manger avec des baguettes ne vous ralentit pas seulement physiquement ; cela vous encourage aussi à absorber moins de nourriture. De plus, les baguettes vous donnent le temps de vous concentrer sur chaque bouchée et de l'apprécier pleinement. À l'évidence, cette façon de se nourrir exige plus de concentration que lorsque vous utilisez vos habituels couteau et fourchette. Pour ma part, je préfère utiliser des baguettes quel que soit le type de nourriture, car j'apprécie plus intensément ce que je mange et je trouve qu'il s'agit là d'une façon beaucoup plus distinguée de procéder. Il est intéressant de noter que, dans le Japon contemporain, les déjeuners de tous les écoliers se font avec des baguettes et non avec cette abominable invention des années 1960, croisement malheureux de la fourchette et de la cuillère, destinée à faire ingurgiter le plus vite possible leurs repas à tous les écoliers de l'archipel. De nos jours, les enfants japonais, auxquels on prépare des repas sains, apprennent à utiliser leurs baguettes avec élégance – cet enseignement est basé sur la conviction que le bon usage des baguettes permet de mieux apprécier sa nourriture et augmente donc le plaisir qu'on en retire. Parmi les nombreux proverbes japonais liés à la nourriture, « Manger avec les yeux » semble particulièrement approprié pour vous faire comprendre ce que j'ai voulu proposer dans cet ouvrage. J'avais toujours cru que la volonté de rendre la nourriture attirante était le seul souci des cuisiniers dans les restaurants, mais je me suis rendu compte que ce proverbe pouvait s'appliquer beaucoup plus largement. En effet, « Manger avec les yeux » implique de prendre le temps de regarder et de faire jouer tous ses sens afin d'apprécier pleinement la nourriture.

Je n'espère pas que vous utilisiez des baguettes à chaque repas, mais je vous suggère de le faire aussi souvent que possible – cela sera sans doute plus facile quand vous êtes chez vous que lorsque l'on vous invite ! En l'absence de baguettes, utilisez un couteau et une fourchette en dégustant les recettes de cet ouvrage mais, surtout, ralentissez votre rythme, coupez votre nourriture en petits morceaux, posez les couteau et fourchette entre deux bouchées et prenez le temps de mâcher et d'apprécier ce qu'il y a dans votre assiette. De cette façon, lorsque vous vous trouverez chez des amis, vous goûterez plus intensément ce que vous mangez et ils apprécieront le soin et l'attention que vous portez à leurs préparations.

Si la façon de manger des Japonais se distingue radicalement de celles du reste du monde c'est d'abord par l'importance des hydrates de carbone dans l'alimentation – une spécificité qui explique la bonne santé et la minceur de la population considérée globalement. En effet, dans l'alimentation japonaise, les hydrates de carbone – essentiellement sous forme de riz – constituent un quart de l'apport énergétique. En Occident, ils sont souvent désignés comme les ennemis de tous ceux qui font un régime et certains ouvrages les désignent comme le mal absolu. De nombreuses recherches ont montré que l'origine de l'apport énergétique (graisses, hydrates de carbone) ne fait pas la différence dans la perte de poids ; ce qui compte, c'est leur qualité car il y en a de bons et de mauvais. Les aliments riches en hydrates de carbone de bonne qualité sont tous ceux qui sont consommés dans leur état naturel et n'ont donc pas – ou peu – subi de traitements. Ces aliments sont nourrissants, possèdent une teneur élevée en fibres, apportant beaucoup d'énergie et faisant perdurer le sentiment de satiété. Tous les aliments riches en fibres contribuent à la réduction du cholestérol et permettent au corps d'éliminer ses toxines. L'alimentation japonaise offre de nombreux hydrates de carbone de très bonne qualité – riz, nouilles soba et haricots –, dont je fais grand usage dans cet ouvrage. Et voici une autre spécificité de l'alimentation japonaise expliquant pourquoi elle est aussi bonne pour la santé : nous n'ajoutons jamais de graisses à nos hydrates de carbone. Le riz est délicieux à déguster seul et n'a nullement besoin d'être mélangé à des graisses (beurre, par exemple) ou à des sucres (confiture). Les nouilles sont cuites à l'eau et dégustées avec des sauces à base de dashi et accompagnées de légumes. Le riz et les nouilles soba subissent beaucoup moins de traitements que le pain ou les pâtes. Nombre des recettes que vous allez découvrir contiennent des aliments totalement dépourvus de calories : c'est le cas de l'agar-agar, de la bardane, du konnyaku, des algues et du thé vert.

Au Japon, les viandes rôties au four ne figurent jamais au menu et d'ailleurs peu de foyers possèdent un four. Cette absence s'explique par le fait que la viande fut interdite jusqu'au XIXe siècle. Vous comprendrez mieux, dès lors, pourquoi mon livre regorge de salades, d'aliments cuits à la vapeur ou mijotés dans du dashi, grillés ou cuits avec quelques gouttes d'huile.

La cuisine japonaise est là pour vous aider à vous rendre compte que plus vous mangerez sainement, mieux vous vous sentirez et plus vous aurez envie de vous dépenser – un splendide cercle vertueux.

Cet ouvrage est destiné à vous faire découvrir la nourriture japonaise ainsi que le plaisir de préparer et de déguster des recettes d'inspiration japonaise faciles à réaliser. Je suis intimement convaincue que *La cuisine japonaise* vous aidera à trouver une belle harmonie du corps et de l'âme…

Voici quelques suggestions de menus pour chacun de vos trois repas au fil des saisons :

Au printemps

- Porridge de riz à la japonaise (p. 19).
- Domburi d'asperges et d'anchois (p. 31), ou Omusubi (boules de riz – p. 67), ou Salade de tofu (p. 82).
- Chaudrée de palourdes à la japonaise (p. 126), ou Sushi d'aubergine et de brocoli (p. 133).

En été

- Thé vert brûlant et muffins aux myrtilles (p. 22), ou Smoothies (p. 26).
- Domburi tomates et courgettes (p. 32), ou Nouilles soba à la sauce gaspacho (p. 52), ou Nouilles soba au thé vert avec aubergines et daikon (p. 49) avec une salade de votre choix.
- Sashimi de saumon et salade de daikon (p. 86), ou Sushi d'aubergine et de brocoli (p. 133), ou Carpaccio de bœuf et aubergine, sauce gingembre (p. 100), ou Gaspacho (p. 110) avec la salade de votre choix.

Pour un pique-nique estival

- Omelette espagnole au tofu (p. 25), ou Maki sushi (p. 62) pour impressionner vos amis, ou Rouleaux de printemps (p. 68) ; et n'oubliez pas les salades !

En automne

- Porridge de riz brun aux œufs (p. 21), ou Omelette espagnole au tofu (p. 25).
- Domburi de tofu et de champignons (p. 34), ou Lentilles épicées aux crevettes (p. 38), ou Nouilles soba, nori et roquette (p. 50), ou Soba et champignons dans un bouillon à base de thé vert (p. 51).
- Soupe miso aux champignons japonais (p. 113), ou Soupe crémeuse de miso au potiron rôti (p. 114), ou Dorade au dashi (p. 147).

En hiver

- Haricots azuki et porridge de riz (p. 20).
- Lentilles chaudes, tofu et épinards (p. 40), ou Canard croustillant à l'orange et au cresson (p. 103).
- Soupe miso, porc et konnyaku (p. 122), ou Kayu campagnard au poulet et au miso (p. 140), ou Ragoût de saumon (p. 152).

Ingrédients de base

On m'a toujours dit que le principal obstacle à l'apprentissage de la cuisine japonaise ne réside pas dans la spécificité de ses techniques, mais dans ses ingrédients. Confrontés à des aliments inhabituels, même les gourmets les plus curieux peuvent éprouver une grande perplexité en pénétrant dans une épicerie japonaise. Ce chapitre vous présente les ingrédients japonais utilisés dans cet ouvrage.

Azuki (haricots azuki)

Ce petit haricot rouge est le deuxième légume le plus utilisé au Japon derrière les graines de soja. Les haricots azuki secs qu'il faut faire tremper se trouvent dans les magasins diététiques et, bien sûr, les épiceries japonaises. On peut aussi les trouver sous forme de conserves, prêts à l'emploi. Les azuki secs sont à conserver dans un placard.

Daikon (radis blanc géant)

Un daikon type (page ci-contre, en haut à gauche) mesure près de 35 cm de long et présente l'épaisseur d'une petite courgette. Le daikon est l'un des plus importants ingrédients de la cuisine japonaise ; on le trouve facilement dans les épiceries asiatiques. Choisissez un daikon bien ferme, à la peau lisse et intacte et conservez-le au réfrigérateur. Le daikon existe sous d'autres formes : en condiment – c'est le takuan jaune vif croquant et relevé, séché et en lanières – c'est le kiriboshi daikon, qu'il faut faire tremper avant de pouvoir l'utiliser.

Gobô (bardane)

Il s'agit de la racine comestible de la bardane. Elle a longtemps fait partie de la pharmacopée chinoise, mais les Japonais sont les seuls à en manger. Recouverte d'une peau marron foncé, cette racine longue et fine mesure 45 cm de long mais peut aller jusqu'à 1,20 m. C'est cette peau qui est la plus parfumée, c'est pourquoi il vaut mieux brosser la bardane plutôt que de l'éplucher. Il faut la plonger dans l'eau froide dès qu'on la coupe, pour l'empêcher de se décolorer et enlever toute amertume. On trouve toute l'année des racines de bardane fraîches, mais aussi congelées et déjà épluchées dans les épiceries japonaises.

Goma (graines de sésame)

Les graines de sésame blanches et noires sont très utilisées dans la cuisine japonaise, soit entières, soit moulues. Le goût et le parfum de ces graines sont plus intenses si elles sont chauffées ou moulues. Des graines de sésame déjà grillées sont disponibles dans les épiceries japonaises. Conservez-les dans des récipients hermétiquement fermés, au sec dans un placard.

Hijiki (Algue hijiki)

L'hijiki est une algue vert foncé mesurant entre 30 cm et 1 m de haut. Dans les épiceries japonaises et les magasins diététiques, elle est presque toujours vendue séchée. L'hijiki séchée doit être trempée dans l'eau avant d'être utilisée, car elle se reconstitue et peut faire alors jusqu'à dix fois son volume sec. Conservez-la au sec dans un placard.

Kanten (agar-agar)

L'agar-agar (page ci-contre, en haut à droite) est une gélatine végétale faite à partir d'une algue rouge appelée *tengusa* (« herbe céleste ») en japonais. L'agar-agar se présente sous formes de barres, de paillettes ou de poudre. Hors du Japon, vous le trouvez le plus souvent sous forme de petits sachets de 4 g, et vous pouvez l'utiliser comme de la gélatine traditionnelle. Comparé à celle-ci, l'agar-agar prend plus vite, supporte mieux la chaleur, n'a pas l'aspect caoutchouteux de la gélatine animale et, surtout, est totalement dépourvu d'odeur ou de saveur. Vous pouvez le conserver six mois au sec dans un placard.

Katsuo-bushi (copeaux de bonite séchée)

La bonite est un poisson de la famille des maquereaux. Elle joue un rôle important dans la cuisine japonaise à double titre : elle entre dans la composition de nombreuses recettes, mais est aussi beaucoup utilisée comme condiment. Les copeaux de bonite (page ci-contre, en haut à gauche) sont obtenus en râpant les filets séchés et fumés. Ces copeaux ressemblent à ceux du bois et possèdent un goût et un parfum fumés très caractéristiques. Ils sont vendus dans des sachets en cellophane de tailles variées (des paquets de 4 g à des formats plus grands et économiques). Au sec dans un placard, les copeaux de bonite peuvent se conserver une année mais, une fois le paquet ouvert, il faudra vous en servir dans les trois mois.

Kombu (varech)

Le kombu est l'un des deux ingrédients de base du dashi – le bouillon à partir duquel sont préparés de nombreux plats japonais. Il en existe de nombreuses variétés, essentiellement cultivées dans les eaux froides de l'île d'Hokkaido. Il se présente généralement sous forme de feuilles olive ou marron de 20 cm de large et de 10 m de long. Le kombu est vendu sec et coupé. Choisissez-le noir et épais ; il se conservera un an au sec dans un placard.

Kome (riz)

Le riz est la nourriture de base de près de la moitié de la population mondiale. En japonais, *gohan* désigne tout à la fois un repas et du riz cuisiné. Autrement dit, pour les Japonais, « bol de riz » et « repas » sont inséparables. L'essor économique des années 1980 a affecté tous les aspects de la vie japonaise, y compris la façon de se nourrir. Ainsi, plus la nourriture était exotique, chère et parfois tout à fait extravagante, plus elle était recherchée. Le riz a subi, lui aussi, cette nouvelle tendance en devenant de plus en plus travaillé. Par chance, ces excès ont pris fin et les Japonais sont revenus à leur alimentation traditionnelle : légumes du jardin, assaisonnements (*miso*) et, bien sûr, le riz brun, un riz décortiqué, mais dont le son et le germe sont conservés. Le riz brun est la première source énergétique de l'alimentation japonaise. Les principaux nutriments du riz se trouvent dans la partie qui est enlevée lorsque le riz est poli. Le riz brun exige une cuisson trois fois plus longue. Il est aussi plus difficile à digérer, ce qui prolonge le sentiment de satiété. Il faut le mastiquer, ce qui réduit d'autant les quantités ingérées.

L'haiga seimai est un riz partiellement poli. Le germe intact contient près de deux fois plus de vitamines et de minéraux que le riz blanc, mais il se prépare nettement plus rapidement que le riz brun. Même si toutes les épiceries japonaises en possèdent, ce riz est difficile à distinguer du riz blanc poli car il est simplement traduit « riz » en anglais. Demandez conseil si vous souhaitez vous en procurer.

Konnyaku (« la langue du diable »)

Le konnyaku (page ci-contre, en haut à droite) est indéniablement l'un des aliments japonais les plus étranges. La racine de cette plante est transformée en une sorte de farine compressée en blocs. Même si les formes et les couleurs varient, le konnyaku standard, que vous trouverez systématiquement dans les épiceries japonaises occidentales, est gris et tacheté de noir, mesurant 15 x 7 cm et 1,5 cm d'épaisseur. Il est généralement vendu sous vide dans un peu d'eau aromatisée au citron vert. Vous pouvez le garder dans un placard pendant trois mois mais, une fois ouvert, il se conserve au réfrigérateur dans un récipient rempli d'eau. Changez l'eau tous les jours et utilisez-le dans les deux semaines. Le konnyaku doit toujours être brièvement bouilli avant d'être utilisé.

Mirin (saké sucré pour la cuisine)

Ce saké sucré pour la cuisine ressemble à un sirop doré et possède un arôme doux, légèrement alcoolisé. Il est utilisé dans les recettes pour donner un goût sucré et une apparence laquée. Le mirin est vendu en bouteilles de tailles variées. Entreposez-le dans un endroit frais, à l'abri de la lumière. Une fois la bouteille ouverte, le mirin perd rapidement son arôme et doit être conservé au réfrigérateur.

Miso (pâte de soja fermenté)

Le miso (page 12, en bas à gauche) est l'un des ingrédients les plus utilisés dans la cuisine japonaise. Il en existe de nombreuses variétés et chacune possède un goût, un arôme, une couleur et une texture spécifiques. La couleur du miso est souvent un bon indicateur de son goût et de sa texture : plus elle est

claire, moins il est salé et plus sa texture est molle. Le miso est préparé à base de graines de soja écrasées et bouillies, auxquelles peuvent s'ajouter du riz, du blé ou de l'orge. La pâte ainsi obtenue fermente pendant des mois – et jusqu'à trois ans. Je vous recommande d'utiliser plus d'une variété de miso pour créer des goûts intéressants, il serait donc judicieux d'en acheter plusieurs variétés en petites quantités.
Si vous placez le miso dans une boîte hermétique au réfrigérateur, vous pouvez le conserver un an.

Nori (algue)

De nos jours, le nori est généralement cultivé. Ses spores sont plantées sur des filets dans des baies abritées en janvier et récoltées à l'automne. Les plantes mâtures sont rassemblées, lavées dans l'eau fraîche, étendues et séchées telles des feuilles de papier avant d'être grillées. Le nori séché et grillé se présente sous forme de feuilles de format standard (20 x 18 cm) vendues par dix. Le prix donne une bonne indication de la qualité : choisissez des feuilles olive foncé, brillantes et épaisses. Le nori est aussi vendu sous forme de paillettes. Vous devez l'entreposer au sec dans votre cuisine et, une fois ouvert, le conserver dans des sacs en plastique hermétiques et l'utiliser aussi rapidement que possible. S'il ramollit, faites-le griller pour lui redonner son arôme et son croquant avant de l'utiliser.

Rencon (racine de lotus)

La racine de lotus (p. 11, en bas à gauche) est un rhizome couleur chamois mesurant environ 1 m de long et 6 cm d'épaisseur. Il est coupé en rondelles de 15 cm. Des conduits permettent à l'air de circuler à l'intérieur de la racine, dont la coupe ressemble à un motif floral. Si les racines fraîches de lotus sont de plus en plus fréquentes dans les épiceries japonaises et asiatiques, vous les trouverez sans doute plutôt vendues sous vide ou en conserve. Les racines de lotus fraîches se conservent dans un endroit sombre et frais car, comme les pommes de terre, elles ne se gardent pas longtemps.

Saké

Le saké, le dashi, la sauce de soja, le miso et le vinaigre de riz sont les cinq piliers de la cuisine japonaise. Il est rare qu'un ou plusieurs de ces ingrédients n'entrent pas dans la préparation d'un plat japonais. En cuisine, le saké est utilisé pour ramollir et effacer un goût salé ; il permet aussi d'éliminer des goûts et des odeurs de poisson, tout en soulignant les délicats arômes d'autres ingrédients.
S'il existe du saké pour cuisiner très peu cher, je ne le recommande pas car son goût et son arôme laissent à désirer. Le saké est vendu en bouteilles ou en bricks dans les magasins de spiritueux, les supermarchés et les épiceries japonaises. Une fois la bouteille ouverte, conservez-la au sec dans un placard de votre cuisine et utilisez-la dans les trois mois.

Shoyu (sauce de soja)

La sauce de soja est l'un des ingrédients japonais les plus importants. Elle est composée de graines de soja fermentées, d'eau, de sel et de blé. Elle peut présenter une grande variété de couleurs, de l'ambre chaud au marron foncé ou au violet moiré. Elle offre aussi des arômes variés. La fermentation des graines de soja convertit les protéines en acides aminés et les hydrates de carbone du blé en glucose ; ce sont eux, d'ailleurs, qui donnent son goût si particulier à la sauce de soja. Hors du Japon, vous pouvez en trouver trois types : la sauce foncée à multiples usages, la sauce plus salée et une troisième, le tamari, préparée sans blé et légèrement plus épaisse. Je vous conseille d'acheter le shoyu en petites quantités et de le placer au réfrigérateur une fois ouvert : il s'y conservera plusieurs mois.

Soba (nouilles de sarrasin)

Les nouilles soba sont faites à partir de farine de sarrasin – plante annuelle originaire d'Asie centrale et de Chine. Le sarrasin est depuis fort longtemps consommé au Japon. Il l'a été d'abord sous forme de boulettes et, beaucoup plus tard, de nouilles.
Il est difficile de faire des nouilles uniquement à partir de farine de sarrasin car ses protéines sont dépourvues de gluten, ce qui rend leur fabrication compliquée. C'est pourquoi la plupart des nouilles soba contiennent un peu de blé ou d'igname (ou les deux), qui servent de liants. Lors de la préparation des nouilles soba, un verre d'eau froide est versé dans la casserole d'eau qui bout, afin d'abaisser la température et de s'assurer que l'intérieur de chaque nouille bénéficie de la même cuisson que sa partie externe.

Su (vinaigre)

Le vinaigre de riz japonais est beaucoup plus doux que la plupart des vinaigres occidentaux. Le processus de fabrication se situe à mi-chemin entre celui du saké et de la sauce de soja. Le riz est lavé, gonflé et cuit à la vapeur, puis de la levure est ajoutée pour transformer l'alcool proche du saké en vinaigre. Le vinaigre de riz coloré offre une palette allant du jaune pâle au bronze clair et possède un arôme et un goût astringents mais doux. Il est vendu en bouteilles de différentes tailles dans les épiceries japonaises. Conservez-le au sec dans un placard. Une fois ouvert, il doit être utilisé dans les six mois.

Takenoko (pousses de bambou)

Les pousses de bambou fraîches dans leurs écorces sont le premier signe du printemps au Japon. En Occident, les pousses de bambou sont disponibles en boîte, prêtes à l'emploi, dans les magasins asiatiques et les grandes surfaces. Des bambous fraîchement préparés sont vendus sous vide toute l'année dans les épiceries japonaises. Il faut les nettoyer soigneusement et enlever le résidu blanc qui les entoure – un résidu dû au processus industriel de préparation et qui donne un goût amer désagréable. Les pousses de bambou fraîches et en boîte se conservent une semaine si vous les placez dans de l'eau et au réfrigérateur, mais il faut changer l'eau tous les jours.

Thé

Il existe de nombreuses variétés de thé vert mais, dans cet ouvrage, j'utilise exclusivement le thé matcha (en poudre) et le sencha. Le matcha est fait avec de jeunes pousses fraîchement cueillies passées à la vapeur, séchées puis réduites en poudre. C'est un thé cher, vendu en petites quantités. Comme tous les thés, le matcha et le sencha se conservent au sec et à l'abri de la lumière dans un placard.

Tofu

Le tofu est une pâte de lait de soja coagulé. Ce lait est obtenu à partir de graines de soja ayant trempé une nuit entière avant d'être bouillies, écrasées et égouttées. Le caillage de ce lait s'obtient grâce au *nigari* (chlorure de magnésium), qui joue le rôle de coagulant. En France, on trouve deux types de tofus dans les magasins diététiques : le tofu ferme et le tofu soyeux plus délicat. Les dates de péremption figurent sur les paquets mais, une fois l'emballage ouvert, le tofu, produit frais, doit être consommé rapidement. Le tofu frit est généralement vendu congelé ; une fois décongelé, il doit être utilisé dans les jours qui suivent.

Umeboshi (prunes salées)

Les umeboshi (p. 12, en bas à droite) sont des prunes vertes placées à macérer dans de la saumure avec des feuilles de Périlla rouge. Elles sont vendues dans les épiceries japonaises et dans les magasins diététiques, en bocaux ou en boîtes. Une fois le paquet ouvert, elles se conservent quasi indéfiniment au réfrigérateur.

Wakame (algue)

Le wakame appartient à la famille des algues brunes. Dans les épiceries japonaises et les magasins diététiques, le wakame est presque toujours vendu séché. Avant de l'utiliser, il faut le laisser tremper dans l'eau. Il se conserve au sec dans un placard.

Wasabi (raifort vert japonais)

Le wasabi (p. 11, en bas à droite) est l'une des plus fortes épices de la cuisine japonaise. Son habitat naturel se situe dans la partie marécageuse des cours d'eau froids et clairs qui s'écoulent de la montagne. De nos jours, presque tout le wasabi frais vendu au Japon est cultivé sur des terrasses inondées, aménagées dans la montagne. La racine de cette plante aquatique millénaire atteint la taille d'une carotte moyenne, mais elle est verte et noueuse. Si de nombreux restaurants japonais haut de gamme servent du wasabi frais râpé, ce produit se trouve surtout sous forme de poudre ou de pâte en tube dans les épiceries japonaises. Après ouverture, la pâte de wasabi se conserve au réfrigérateur et doit être utilisée dans les mois qui suivent.

Yuzu (cédrat japonais)

Le yuzu, jaune vif, est de la taille d'une clémentine. Il est utilisé pour son écorce aromatique et son jus. Il est difficile de le trouver frais en Occident, mais son jus est vendu en bouteilles dans les épiceries japonaises. Il coûte cher mais dure longtemps. Conservez-le au réfrigérateur et secouez bien la bouteille avant toute utilisation.

Au Japon, le petit déjeuner traditionnel se compose d'un bol de riz ou de porridge de riz – préparé le matin même – et d'un bol de soupe miso chaude, accompagnée de tofu et d'algues wakame, d'une assiette de poisson grillé, de légumes de saison mijotés, d'œufs – sous forme d'omelette roulée avec ses accompagnements de natto (haricots de soja fermentés collants), d'algues assaisonnées ou de nori séché –, le tout servi avec des légumes macérés. Voici un menu aussi impressionnant que copieux que les Japonais réservent pour le week-end ou, mieux encore, pour les vacances. Le petit déjeuner japonais « normal » est une version simplifiée du menu détaillé plus haut, avec deux constantes cependant : le riz et la soupe miso.

Les Japonais adorent le petit déjeuner. En outre, dans un pays où l'espérance de vie est la plus longue de la planète et où la population jouit d'une relative bonne santé, chacun a pleinement conscience de son importance. La première règle de base consiste à ne jamais le sauter car c'est le principal repas de la journée. S'il est omis, la glycémie chute de manière si brutale que, dès le milieu de matinée, il devient impossible de se concentrer, les gargouillis se font de plus en plus bruyants, et la tentation est alors grande de résoudre ces deux problèmes en mangeant une barre chocolatée. Du fait de l'importance prise par la diététique dans de nombreux pays, rares sont les personnes qui ignorent encore l'importance de ce premier repas et les dommages provoqués par sa suppression. Dans un monde idéal, il faudrait festoyer comme un roi le matin, comme un prince le midi et comme un mendiant le soir. Hélas, nous nous précipitons souvent le matin, déjà en retard sur notre emploi du temps. C'est pourquoi ce premier chapitre propose des recettes de petits déjeuners inspirées de la cuisine japonaise, aisées et rapides à réaliser, pour bien commencer la journée...

Petits déjeuners

Porridge de riz à la japonaise

Pour 2 personnes

- **50 g de riz rond japonais**
- **1 poignée de framboises**
- **350 ml d'eau**
- **1/4 de cuill. à café de sel**

Dôgen, éminent moine bouddhiste zen du XIIe siècle, a écrit qu'un bol de kayu (porridge de riz) apporte dix bienfaits : il donne une peau saine et brillante, renforce le corps et l'âme, favorise la longévité, permet une digestion facile, a des effets positifs sur le cerveau, conserve la chaleur corporelle, permet de caler l'estomac et de calmer la soif, tout en assurant un bon transit intestinal. Tout cela semble idéal, presque trop pour être vrai, puisqu'il ne s'agit, en réalité, que d'un modeste bol de porridge de riz ! La consistance du porridge de riz japonais varie en fonction de la quantité d'eau utilisée pour sa préparation. Dans cette recette, on utilise 1 volume de riz pour 7 volumes d'eau, ce qui donne un porridge liquide et léger, mais qui tiendra cependant bien au corps. Les traditionnelles umeboshi (prunes salées) parsemant le kayu ont été remplacées ici par une poignée de framboises.

Placez le riz dans une passoire et sous l'eau froide jusqu'à ce que l'eau de rinçage soit claire. Idéalement, l'égouttage du riz doit avoir lieu au moins 30 minutes avant de le faire cuire, afin de permettre l'absorption de l'humidité et le gonflement des grains – cet égouttage peut parfaitement se faire la veille au soir.

Mais si vous avez oublié de l'égoutter la veille et que vous manquez de temps, vous pouvez placer le riz lavé dans une casserole contenant le volume d'eau approprié et le laisser reposer 10 minutes avant de commencer la cuisson. La casserole idéale possède un fond épais et un couvercle adapté.
Placez le couvercle sur la casserole et faites bouillir le riz à feu vif – cela devrait prendre 5 minutes. Déplacez légèrement le couvercle et poursuivez la cuisson en baissant le feu pour que le riz mijote 20 à 25 minutes.

Éteignez le feu, salez le riz avant de replacer le couvercle pour laisser la vapeur agir 5 minutes. Garnissez de framboises puis servez dans deux bols préalablement chauffés, avec des baguettes.

Haricots azuki et porridge de riz

Pour 2 personnes

- 50 g de riz rond japonais, lavé et égoutté pendant 30 min
- 25 g de haricots azuki ayant trempé une nuit dans l'eau
- 600 ml d'eau

Pour les Japonais, les haricots azuki sont associés à la chance et aux réjouissances. Traditionnellement, le porridge d'azuki se déguste le 15 janvier, afin de célébrer la nouvelle année selon le calendrier lunaire, un calendrier qui rythma la vie des Japonais entre le XIVe et le XIXe siècle. D'ailleurs, aucune fête digne de ce nom ne se déroule sans riz azuki. Les haricots rouges azuki sont composés de glucose et de protéines, mais ils sont aussi très riches en vitamine B1, en potassium, en fibres très digestes permettant d'abaisser la tension artérielle, de surmonter la fatigue et de réduire les gonflements. La douceur de leur goût s'allie à leur chaleureuse couleur rouge pour introduire une note joyeuse au petit déjeuner.

Placez les haricots rouges dans une casserole à fond épais – surtout, n'utilisez pas de récipient en fonte car le métal, en réagissant, ferait perdre aux haricots leur couleur. Ajoutez le volume d'eau nécessaire et faites cuire à feu moyen jusqu'à ce que les haricots deviennent tendres : cela devrait prendre entre 30 et 40 minutes. Recouvrez les haricots d'eau bouillante si nécessaire. Conservez l'eau de cuisson et mettez-en 500 ml de côté.

Placez le riz et l'eau de cuisson des haricots dans une casserole à fond épais et portez à ébullition à feu vif. Déplacez le couvercle pour éviter que l'eau déborde. Réduisez le feu et laissez mijoter 20 minutes. Éteignez finalement le feu, replacez le couvercle en position normale et laissez la vapeur agir 5 minutes. Servez chaud dans deux bols préchauffés, avec des baguettes.

Astuce

Du fait que les haricots azuki exigent une cuisson longue et lente, il est souvent plus pratique d'en préparer une grande quantité, car ils peuvent se conserver dans leur eau de cuisson et au réfrigérateur pendant une semaine, au maximum.

Porridge de riz brun aux œufs

Pour 2 personnes

- 50 g de riz brun
- 2 oignons nouveaux
- 2 œufs
- 1 cuill. à soupe de sauce de soja
- 1 poignée de paillettes de nori
- 600 ml d'eau

Le riz brun est bien meilleur pour la santé que le riz blanc. Il serait bon qu'il devienne l'un des ingrédients de base de votre alimentation. Sa cuisson nécessite un tiers de volume d'eau en moins, mais un peu plus de temps. Il faut aussi prendre le temps de le mâcher pour en retirer tous les bienfaits. Enfin, et voici une bonne nouvelle, surtout pour les personnes faisant un régime, le riz brun vous donnera un sentiment de satiété qui durera plus longtemps.

Placez le riz dans une casserole contenant le volume d'eau nécessaire. Laissez tremper une nuit entière. Le lendemain, placez le couvercle adapté à la casserole avant de porter le riz à ébullition à feu moyen. Réduisez légèrement le feu et laissez cuire ensuite entre 40 et 45 minutes.

Ajoutez les œufs légèrement battus, mélangez avec la sauce de soja. Décorez de fines lamelles d'oignons nouveaux et de paillettes de nori. Servez, sans oublier les baguettes.

Astuce

Avec un autocuiseur, le temps de cuisson est réduit de moitié.

Thé vert brûlant et muffins aux myrtilles

Pour 6 muffins de taille moyenne

- 50 g de myrtilles fraîches
- 200 g de farine complète
- 2 cuill. à café de levure chimique
- 1 œuf
- 1 cuill. à café de thé matcha
  + un peu pour la décoration
- 75 g de sucre en poudre
- 1 cuill. à soupe d'huile
- 75 ml d'eau

La recette est si simple que vous pourrez aisément préparer ces muffins pour le petit déjeuner. Bien enveloppés, ils se conserveront pendant trois jours. Ils seront donc parfaits si vous devez prendre votre petit déjeuner sur le pouce.

Versez l'eau et le sucre dans une casserole avant de porter le mélange à ébullition, tout en tournant jusqu'à ce que le sucre soit entièrement fondu. Retirez la casserole du feu et laissez refroidir le mélange.

Mettez l'œuf légèrement battu dans un saladier, ajoutez l'eau sucrée et battez pour obtenir un mélange homogène. Ajoutez progressivement l'huile, puis tamisez la farine, la levure chimique et le thé. Versez enfin les myrtilles.

Remplissez des petits moules à muffins en papier ou en métal (légèrement huilés). Placez-les dans l'autocuiseur pendant 15 minutes. Saupoudrez de thé vert matcha avant de servir.

Omelette espagnole au tofu

Cette adaptation de la recette de l'omelette espagnole traditionnelle propose de remplacer les pommes de terre par du tofu, ce qui en fait un petit déjeuner à la fois pourvoyeur d'énergie et facile à digérer.

Pour 2 personnes

- 1 tomate moyenne épépinée et grossièrement coupée
- 2 oignons nouveaux grossièrement coupés
- 3 œufs légèrement battus
- 100 g de tofu soyeux
- 1 cuill. à soupe de sauce de soja
- 1 cuill. à café d'huile

Égouttez le tofu en l'enveloppant dans une feuille de papier absorbant avant de le passer 1 minute au four à micro-ondes (moyen). Coupez-le ensuite en dés de 2 cm environ.

Faites chauffer l'huile dans une petite poêle à feu moyen. Mélangez les œufs et la sauce de soja avant de les verser dans la poêle et de les laisser cuire 2 à 3 minutes, ou jusqu'à ce que les bords de l'omelette soient cuits alors que le centre reste baveux.

Ajoutez alors le tofu, la tomate et les oignons nouveaux, puis laissez cuire 2 minutes supplémentaires. Pour retourner l'omelette, retirez la poêle du feu, faites glisser l'omelette sur une assiette, puis recouvrez-la avec la poêle avant de retourner l'ensemble.

Replacez alors la poêle sur le feu pour que l'omelette cuise encore 3 à 4 minutes, ou jusqu'à ce que le dessous de l'omelette soit cuit. Faites glisser l'omelette sur une planche à découper et détaillez-la en parts avant de servir.

Omelette roulée au nori

Pour cette recette, utilisez une petite poêle antiadhésive.

Pour 2 personnes

- 3 œufs
- 1 cuill. à soupe de mirin
- 2 cuill. à café de sauce de soja
- 2 feuilles de nori en paillettes
- 1/2 cuill. à café d'huile

Mettez les œufs dans un petit saladier avant d'y verser le mirin et la sauce de soja. Battez légèrement pour bien mélanger. Chauffez la poêle à feu moyen et répartissez l'huile sur toute la surface. Versez 1/3 du mélange. Lorsque la surface commence à sécher, ajoutez 1/3 du nori en paillettes en recouvrant grossièrement l'omelette.

Faites rouler la préparation et laissez-la sur un côté de la poêle. Recommencez en procédant exactement de la même manière. Puis roulez le premier tiers dans le second. Répétez une dernière fois l'opération en roulant les deux premiers tiers dans le troisième.

Faites glisser l'omelette roulée sur une planche, détaillez-la en bouchées et servez avec des baguettes.

Smoothies

Pour 2 personnes

Page de droite :
smoothie de thé vert et de tofu et smoothie de tofu et de fraise

Smoothie de tofu et de pomme

- 2 pommes épluchées, évidées et coupées
- 200 ml de jus de pomme
- 2 cuill. à soupe de miel liquide
- 100 g de tofu soyeux
- 2,5 cm de racine de gingembre fraîche, épluchée et coupée

Versez tous les ingrédients dans un mixeur ou un robot et mixez jusqu'à l'obtention d'un mélange onctueux.

Smoothie de tofu et de fraise

- 100 g de fraises équeutées
- 2 cuill. à soupe de miel liquide
- 200 ml de lait de soja, 100 g de tofu soyeux

Versez tous les ingrédients dans un mixeur ou un robot et mixez jusqu'à l'obtention d'un mélange onctueux.

Smoothie de thé vert et de tofu

- 200 ml de lait de soja, 100 g de tofu soyeux
- 1 cuill. à café de thé matcha (en poudre)
- 1 cuill. à soupe de kinako
- 2 cuill. à soupe de sucre brun

Versez tous les ingrédients dans un mixeur ou un robot et mixez jusqu'à l'obtention d'un mélange onctueux.

Milkshake de thé vert

- 2 bananes coupées grossièrement
- 1 kiwi coupé grossièrement
- 2 cuill. à soupe de miel liquide
- 200 ml de lait de soja
- 1 cuill. à café de thé matcha

Versez tous les ingrédients dans un mixeur ou un robot et mixez jusqu'à l'obtention d'un mélange onctueux.

Dans l'histoire culinaire japonaise, le déjeuner fut instauré au XVIIe siècle. Après le petit déjeuner, il est le second repas important de la journée, surtout pour ceux qui surveillent leur poids. En effet, il reste encore de nombreuses heures pour assimiler la nourriture absorbée avant d'aller se coucher. C'est pourquoi, compte tenu de leurs bienfaits pour la santé, mon choix s'est arrêté sur le riz et les nouilles soba, autour desquels j'ai élaboré mes recettes. Ces deux féculents, délicieux et faciles à préparer, vous caleront sans que vous ayez jamais la désagréable impression que votre estomac est sur le point d'exploser ou que vous avez un impérieux besoin de faire la sieste ! De plus, et ce n'est pas là un moindre avantage, la dégustation se fait sans l'ombre d'un sentiment de culpabilité !

Le riz et les nouilles soba peuvent être dégustés chauds ou froids. Les nouilles soba sont fabriquées à partir de farine de sarrasin, une céréale totalement dépourvue de gluten, riche en fibres solubles et contenant de la vitamine P qui, non seulement contribue à réduire le cholestérol, mais est aussi un excellent antioxydant.

Le terme générique de « domburi » désigne un bol de riz garni servi pour le déjeuner aux personnes pressées. Présenté dans un bol, le riz est généralement accompagné de garnitures de poulet et d'œuf, de sauté de bœuf et d'oignons. Le bol est recouvert d'un couvercle permettant de conserver le plat au chaud. J'ai appliqué le concept du domburi pour créer ces recettes de plats uniques, aussi délicieuses que saines. Le principe du domburi est souple et pratique à la fois : les restes du dîner peuvent parfaitement servir de garniture pour préparer le domburi du lendemain ; plus d'excuse, donc, pour ne pas manger équilibré le midi !

Plats uniques pour le déjeuner

La cuisson du riz brun

Le riz brun contient entre 74 et 77 % d'hydrates de carbone et 6 % de protéines – les 20 % restants correspondent à l'eau, aux fibres, aux acides gras, aux vitamines et aux minéraux.
Il constitue la principale source énergétique de l'alimentation des Japonais. Comparé au riz blanc, il contient quatre fois plus de fibres solubles, de vitamines B1 et E, deux fois plus de vitamine B2, de minéraux et d'acides gras.
Le riz brun doit être brièvement rincé sous l'eau froide et toutes les particules qui flottent à la surface doivent être enlevées. Placez le riz rincé dans l'eau froide et laissez-le reposer entre 2 et 3 heures (une nuit entière est idéale). La quantité d'eau nécessaire pour la cuisson dépend du temps de trempage : moins le riz a trempé longtemps, plus il faut d'eau ; s'il a trempé une nuit, mettez 20 % d'eau de plus que le poids du riz. Plus simplement : pour 100 g de riz, ajoutez 120 ml d'eau.
Dans une casserole à fond épais dotée d'un couvercle adapté, versez le riz et l'eau, couvrez et faites bouillir à feu très doux. Remontez le feu lorsque la vapeur s'échappe et laissez cuire jusqu'à ce qu'elle soit totalement évacuée. Éteignez le feu, mais sans toucher au couvercle. Poursuivez la cuisson 10 à 15 minutes avant de laisser le riz gonfler.

Domburi d'asperges et d'anchois

Pour 2 personnes

- **200 g de riz cuit et chaud**
- **2 filets d'anchois coupés**
- **6 pointes d'asperges coupées en petits morceaux biseautés**
- **1 cuill. à café d'ail finement émincé**
- **2 cuill. à soupe de sauce de soja au dashi et à l'oignon (*cf.* p. 40)**
- **½ cuill. à café d'agar-agar**
- **1 cuill. à café de graines de sésame grillées**
- **1 cuill. à soupe d'huile**
- **2 cuill. à soupe d'eau**

L'asperge est un légume saisonnier par excellence, c'est pourquoi j'essaie d'en manger le plus possible lorsqu'elle se trouve sur les étals des marchés. Dans cette recette rapide et facile, c'est la sauce qui exalte la saveur de l'asperge.

Dans une poêle, faites chauffer l'huile à feu moyen. Faites-y revenir les anchois, puis ajoutez l'ail et les pointes d'asperges. Baissez légèrement le feu avant d'ajouter l'eau et la sauce de soja au dashi et à l'oignon. Lorsque le jus de cuisson commence à bouillir, ajoutez l'agar-agar (dilué dans 1 cuill. à café d'eau) pour épaissir la sauce.

Mettez le riz dans deux bols préalablement chauffés, garnissez du mélange à base d'asperges et parsemez de graines de sésame. Servez avec des baguettes.

Domburi tomates & courgettes

Pour 2 personnes

- 200 g de riz cuit et chaud (*cf.* p. 31)
- 2 filets d'anchois coupés grossièrement
- 2 courgettes moyennes
- 1 gousse d'ail émincée
- Feuilles de persil plat ciselées
- 4 cuill. à soupe de jus de tomates
- 2 cuill. à café de sauce de soja
- 1 cuill. à soupe de pâte de miso
- 2 cuill. à soupe de saké
- 1 cuill. à soupe d'huile d'olive

Ce repas estival est facile à préparer et très japonisant. Surtout, prenez soin de vous procurer des courgettes fraîches et rebondies !

Versez l'huile d'olive dans une poêle à feu moyen et faites-y revenir les courgettes épluchées et coupées en dés pendant 1 minute. Ajoutez les anchois et l'ail, et remuez en bougeant la poêle à plusieurs reprises.

Réduisez légèrement le feu et ajoutez le jus de tomates, le saké et la sauce de soja. Laissez bouillir le jus de cuisson, puis éteignez le feu et remuez en incorporant la pâte de miso.

Répartissez le riz dans deux bols préalablement chauffés, garnissez-le de la préparation à base de courgettes et parsemez de persil avant de servir avec des baguettes.

Domburi d'œufs & d'épinards

Pour 2 personnes

- 200 g de riz cuit et chaud (*cf.* p. 31)
- 1/2 poireau coupé
- 50 g de pousses d'épinard
- 2 œufs légèrement battus
- 2 cuill. à soupe de mirin
- 3 cuill. à soupe de sauce de soja
- Une petite poignée de paillettes de nori
- 1/2 cuill. à soupe de sucre
- 2 cuill. à soupe de saké
- 100 ml d'eau

Les œufs sont une garniture idéale pour les domburis, car ils sont rapides à préparer et peuvent s'utiliser de multiples façons. Dans ce type de préparation, ils doivent être suffisamment cuits pour servir de liant pour les autres ingrédients, mais pas trop pour pouvoir jouer le rôle de sauce dans le riz.

Coupez le poireau dans le sens de la longueur puis en biseau. Placez-le dans une casserole avec l'eau et portez à ébullition à feu moyen doux.

Baissez légèrement le feu, ajoutez les épinards, le saké, le mirin, le sucre et la sauce de soja. Versez délicatement les œufs battus et mélangez. Éteignez le feu lorsque les œufs sont presque cuits et garnissez le riz de cette préparation. Décorez de paillettes de nori et servez.

Astuce

Attention à ne pas trop cuire les œufs ! Éteignez le feu plus tôt : la chaleur dans la casserole terminera la cuisson.

Domburi de tofu & de champignons

Pour 2 personnes

- 200 g de riz cuit et chaud (*cf.* p. 31)
- 6 champignons de Paris de taille moyenne
- 4 champignons shiitake
- ½ paquet de champignons shimeji
- ½ oignon émincé
- 2 cuill. à café de racine de gingembre fraîche râpée ou coupée fin
- Entre ¼ et ½ piment rouge épépiné et coupé fin
- 1 gousse d'ail coupée fin
- 200 g de tofu
- 1 cuill. à soupe de sauce de soja
- 1 cuill. à soupe de miso rouge
- 1 cuill. à soupe de sauce au piment (facultatif)
- 2 cuill. à soupe de saké
- ½ cuill. à soupe d'huile

Ce plat végétarien complet et goûteux devrait vous laisser un excellent souvenir, mais n'oubliez pas de moduler la quantité de piment en fonction de votre goût et de la sensibilité de votre palais !

Coupez le tofu en dés de 1 cm. Blanchissez-les dans l'eau bouillante et égouttez-les.

Coupez en quatre les champignons de Paris. Détaillez les champignons shiitake en morceaux de taille équivalente à celle des champignons de Paris, après avoir ôté leurs pieds. Coupez la base commune des champignons shimeji pour les séparer (si vous ne trouvez pas cette variété, n'hésitez pas à en prendre une autre).

Chauffez la poêle huilée à feu doux et faites suinter le ½ oignon jusqu'à ce qu'il soit bien ramolli. Ajoutez alors le tofu, le gingembre, l'ail, le piment et les champignons. Laissez cuire de 2 à 3 minutes. Ajoutez le saké et la sauce de soja pour assaisonner votre plat et laissez la poêle sur le feu jusqu'à ce que le jus de cuisson commence à frémir.

Éteignez le feu et incorporez la pâte de miso en mélangeant soigneusement. Goûtez et rectifiez l'assaisonnement si nécessaire ; si vous aimez les plats épicés, n'hésitez pas à ajouter de la sauce au piment. Placez le riz dans deux bols préalablement chauffés, ajoutez la garniture de champignons et servez avec des baguettes.

Domburi de fruits de mer et roquette

Pour 2 personnes

- 200 g de riz cuit et chaud (*cf.* p. 31)
- 100 g de petits calmars nettoyés
- 100 g de crevettes roses crues épluchées
- 25 g de roquette lavée, essorée et coupée grossièrement
- 1 gousse d'ail coupée fin
- 1 pincée de paillettes de piment
- 2 cuill. à café de nam pla (sauce de poisson thaïlandaise)
- 2 cuill. à café de Maïzena®
- 2 cuill. à soupe d'huile d'olive
- ½ cuill. à café de sel

Ce domburi célèbre l'alliance de saveurs venues d'Italie et de Thaïlande. Il est aussi rapide que facile à préparer !

Pratiquez des incisions peu profondes dans les corps de calmars et coupez-les en morceaux de la taille d'une bouchée. Coupez les tentacules en morceaux de taille moyenne. Placez les calmars et les crevettes roses dans un saladier, parsemez de sel et de Maïzena®.

Dans une poêle, faites chauffer l'huile à feu doux avec l'ail qui l'aromatisera. Ajoutez les crevettes roses et les calmars et faites-les revenir jusqu'à ce que les chairs deviennent opaques. Relevez avec le piment et le nam pla. Éteignez le feu et ajoutez, en remuant rapidement, les feuilles de roquette que la chaleur résiduelle va ramollir.

Placez le riz dans deux bols préalablement chauffés et garnissez-le avec le mélange de fruits de mer et de roquette. Servez avec des baguettes.

Domburi de fèves & de chair de crabe

Pour 2 personnes

- 200 g de riz cuit et chaud (*cf.* p. 31)
- 75 g de chair blanche de crabe
- 100 g de fèves écossées
- 1 cuill. à café de zeste de citron ou de citron vert
- ½ cuill. à café d'agar-agar
- 4 cuill. à soupe de saké
- Sel et poivre blanc fraîchement moulu

La douceur des fèves et la chair blanche du crabe forment une harmonie parfaite dans cette recette.

Faites cuire les fèves 2 à 3 minutes, égouttez-les et passez-les sous l'eau froide. Vous pouvez maintenant enlever leur peau. Mettez les fèves et la chair de crabe dans une casserole, arrosez avec le saké et portez à ébullition sur feu moyen. Salez et poivrez à votre goût. Ajoutez l'agar-agar dilué dans 1 cuillerée à café d'eau et portez à nouveau à ébullition pendant 1 à 2 minutes afin que le jus de cuisson épaississe.

Placez le riz dans deux bols préalablement chauffés et garnissez avec le mélange de fèves et de crabe. Ajoutez la touche finale avec un zeste de citron ou de citron vert et servez avec des baguettes.

Lentilles épicées aux crevettes

Voici une belle alliance de saveurs... très facile à réaliser. Un déjeuner idéal pour toutes les personnes pressées qui tiennent à manger sainement.

Pour 2 personnes

- 200 g de crevettes roses cuites et prêtes à consommer
- 2 tomates grappes épépinées et coupées grossièrement
- 1/2 piment vert épépiné et coupé fin
- 200 g de lentilles vertes du Puy
- 100 g de maïs congelé
- 2 oignons nouveaux émincés
- 1 poignée de coriandre fraîche coupée fin
- 2 cuill. à soupe de sauce de soja
- 2 cuill. à soupe d'huile d'olive
- Sel et poivre noir fraîchement moulu

Versez les lentilles dans une casserole, recouvrez-les d'eau et laissez cuire à feu moyen entre 20 et 25 minutes, ou jusqu'à ce que les lentilles soient ramollies, mais sans excès. Égouttez, rincez sous l'eau froide et égouttez à nouveau. Faites cuire le maïs congelé entre 3 et 5 minutes puis égouttez-le.

Dans un saladier, mélangez les lentilles, le maïs, les oignons nouveaux, les tomates, le piment et la coriandre. Ajouter la sauce de soja et l'huile d'olive, salez et poivrez à votre goût.

Répartissez le mélange ainsi obtenu dans deux assiettes, ajoutez-y les crevettes roses et servez avec des baguettes.

Domburi de thon, tomates & gombos

Pour plus de facilité, j'utilise du thon en conserve, mais si vous avez un beau steak de thon au réfrigérateur, n'hésitez pas à l'utiliser pour préparer ce déjeuner !

Pour 2 personnes

- 200 g de riz cuit et chaud (*cf.* p. 31)
- 50 g de thon en boîte égoutté
- 6 gombos
- 2 tomates grappes, épluchées et coupées grossièrement
- 2 cuill. à soupe de sauce de soja au dashi et à l'oignon (*cf.* p. 40)
- Feuilles de basilic coupées fin
- Sel et poivre noir fraîchement moulu

Salez légèrement les gombos avant de les frotter doucement pour enlever leur duvet soyeux. Blanchissez-les brièvement avant de couper leur partie supérieure et de les trancher en morceaux de 5 mm d'épaisseur environ. Placez les tranches de gombos dans un saladier. Ajoutez du sel et du poivre à votre convenance, puis mélangez soigneusement.

Ajoutez les tomates, le thon et la sauce de soja au dashi et à l'oignon. Mélangez bien tous ces ingrédients ensemble.

Mettez le riz chaud dans deux bols, garnissez avec le mélange de tomates et de gombos et parsemez de quelques feuilles de basilic. Servez avec des baguettes.

Lentilles chaudes, tofu & épinards

Pour 2 personnes

- 200 g de lentilles vertes du Puy
- 100 g de pousses d'épinard lavées et essorées
- 1 poivron rouge
- 1 poivron jaune
- 2 gousses d'ail légèrement écrasées avec le côté d'un couteau
- 100 g de tofu
- 2 cuill. à soupe de sauce de soja au dashi et à l'oignon
- 1 cuill. à soupe de vinaigre balsamique de qualité
- 1 cuill. à soupe d'huile d'olive vierge extra

Pour la sauce de soja au dashi et à l'oignon

- 200 ml de sauce de soja
- 200 ml de mirin
- ½ oignon râpé
- 1 gousse d'ail râpée
- 1 morceau de kombu (5 x 5 cm)

La saveur si particulière des lentilles vertes du Puy et celle du tofu s'allient remarquablement dans ce plat aussi délicieux que nourrissant.

Préparez la sauce de soja au dashi et à l'oignon : mettez tous les ingrédients dans une casserole et portez à ébullition sur feu doux. Puis réduisez le feu et laissez mijoter 8 à 10 minutes. Éteignez le feu et laissez refroidir avant de filtrer à l'aide d'une passoire très fine. Cette sauce savoureuse se conservera deux semaines dans une bouteille de verre placée au réfrigérateur (elle entre dans la préparation de nombreuses recettes).

Mettez les lentilles dans une casserole, couvrez-les d'eau, ajoutez l'ail et portez à ébullition. Réduisez le feu et laissez mijoter entre 20 et 25 minutes, ou jusqu'à ce que les lentilles soient ramollies sans excès. Enlevez l'ail et égouttez les lentilles qui seront conservées au chaud.

Mettez les poivrons sur la grille du four préchauffé et retournez-les de temps en temps, jusqu'à ce que leurs peaux noircissent. Mettez-les alors dans un sac en plastique scellé afin de les laisser suinter. Enlevez ensuite les peaux et les pépins. Réservez le jus recueilli dans le sac et coupez les poivrons en filaments.

Pendant que les poivrons grillent, enveloppez le tofu dans des feuilles de papier absorbant et laissez-le s'égoutter sur une planche placée en position légèrement inclinée pendant 20 minutes. Placez sur le tofu une assiette lestée d'un poids afin d'accélérer le processus. En cas de manque de temps, passez le tofu 1 minute au four à micro-ondes à chaleur moyenne.

Dans un saladier, mettez les épinards, les lentilles et les poivrons avec leur jus de cuisson et le tofu. Arrosez avec la sauce de soja au dashi et à l'oignon, le vinaigre balsamique et l'huile d'olive. Remuez doucement pour que tous les ingrédients se mélangent parfaitement. Servez avec des baguettes.

Soja sauté aromatisé au miso épicé

Pour 2 personnes

- 50 g de porc haché
- 200 g de riz cuit et chaud (*cf.* p. 31)
- 100 g de graines de soja fraîches
- 1 carotte épluchée et tranchée fin
- 1 petite poignée de cresson
- 1 gousse d'ail écrasée et émincée
- 1 oignon épluché coupé fin
- 1 oignon nouveau coupé en biseau
- 1 cuill. à soupe de sauce de soja
- 1 cuill. à soupe de sauce pimentée
- 2 cuill. à soupe de pâte de miso rouge
- 1 cuill. à soupe de saké
- ½ cuill. à soupe d'huile

Laissez tremper les graines de soja une nuit entière et faites-les mijoter 1 heure. Le processus étant long, je vous conseille de préparer une grande quantité de graines de soja et de congeler ce dont vous ne vous servirez pas. Si vous n'avez pas le temps, utilisez des graines de soja en conserve.

Égouttez les graines de soja, mettez-les dans une casserole et recouvrez-les d'eau. Faites cuire à feu modéré entre 45 et 60 minutes. Réservez 50 ml de l'eau de cuisson. En cas d'utilisation de soja en conserve, ajoutez 50 ml d'eau.

Chauffez un wok à feu moyen avec l'huile et faites-y frire le porc en le remuant durant 3 minutes. Puis ajoutez l'oignon, la carotte et faites cuire 2 minutes avant de mettre la gousse d'ail et de prolonger la cuisson 3 minutes.

Réduisez un peu le feu et ajoutez les graines de soja, l'eau de cuisson réservée, le saké et la sauce de soja. Poursuivez la cuisson sans cesser de remuer jusqu'à ce que le jus de cuisson soit presque totalement évaporé. Éteignez le feu puis incorporez la sauce pimentée et la pâte de miso. Mélangez soigneusement pour une bonne pénétration de tous les éléments.

Répartissez le riz dans deux bols, garnissez avec le mélange de graines de soja et ajoutez l'oignon nouveau et le cresson. Servez avec des baguettes.

Astuce

Si vous utilisez du soja en conserve, il vous faudra une boîte de 200 g.

Nouilles soba au chou chinois & au tofu

Pour 2 personnes

- 200 g de nouilles soba sèches
- 100 g de chou chinois coupé fin
- 100 g de tofu soyeux coupé en dés
- 1 morceau de kombu (10 x 15 cm environ)
- 1 cuill. à soupe de graines de sésame blanches grillées et finement moulues
- 1 cuill. à soupe de graines de sésame grillées
- 1 cuill. à soupe de lait de soja
- 1 cuill. à soupe de miso blanc
- 2 cuill. à soupe d'huile d'olive
- 1/2 cuill. à café de sel

Le soba, riche en fibres solubles, favorise la réduction du taux de cholestérol. En outre, son nutriment le plus important, la rutine (une sorte de vitamine P), aide à renforcer les vaisseaux capillaires et prévient l'hypertension ainsi que les hémorragies cérébrales. Le soba est riche en antioxydants, mais ce n'est pas tout... D'après des recherches récentes, les protéines de soba empêcheraient l'accumulation des graisses corporelles. La sauce douce et crémeuse accompagnant les nouilles se compose de tofu, de graines de sésame et de miso blanc. Malgré sa douceur, ce plat composé de protéines végétales d'excellente qualité est très goûteux.

Mettez le kombu dans une casserole remplie d'eau et portez à ébullition à petit feu. Enlevez le kombu lorsqu'il flotte à la surface et que l'eau commence à frissonner. Retirez et réservez pour plus tard une louche de liquide de cuisson, puis attendez que l'eau bouille à nouveau.

Jetez alors les nouilles et remuez-les pour qu'elles ne collent pas. Versez un verre d'eau froide lorsque l'eau atteint le sommet de la casserole. Les nouilles sont prêtes lorsque l'ébullition reprend. Égouttez, rincez sous l'eau froide et réservez pour que l'égouttage se poursuive.

Versez l'huile d'olive dans une poêle et faites cuire le chou chinois à feu moyen. Ajoutez une pincée de sel (il favorise le ramollissement du chou). Une fois le chou ramolli, ajoutez l'eau réservée du kombu, les graines de sésame moulues, le tofu et le lait de soja. Laissez frissonner et réduire de 5 à 8 minutes.

Incorporez le miso et mélangez soigneusement. Versez les nouilles et mélangez bien tous les ingrédients ensemble.

Éteignez le feu, mettez les nouilles dans deux assiettes, décorez de graines de sésame et servez avec des baguettes.

Soba, wakame & épinards, sauce au sésame

Pour 2 personnes

- 200 g de nouilles soba sèches
- 200 g d'épinards dont les feuilles et les tiges auront été séparées, lavées et essorées
- 1 oignon nouveau coupé fin en biseau
- 40 g de wakame séché
- 2 cuill. à soupe de paillettes de nori
- Mélange de 7 épices japonaises ou poudre de piment (facultatif)

Pour la sauce au sésame

- 4 cuill. à soupe de graines de sésame grillées
- 2 cuill. à soupe de sauce de soja au dashi et à l'oignon (*cf.* p. 40)
- 125 ml d'eau

L'épinard est un légume excellent : il regorge de vitamines B et C, de bêta-carotène et de différents minéraux, notamment du fer. Dans cette recette, vous aurez le double bénéfice d'avoir dans le même plat des épinards et du wakame.

Laissez le wakame tremper dans un saladier rempli d'eau à température ambiante pendant 5 minutes pour le ramollir avant de l'égoutter.

Préparez la sauce : mettez les graines de sésame dans un mortier et concassez-les pour obtenir une poudre grossière. Ajoutez la sauce de soja au dashi et à l'oignon et diluez avec l'eau. Répartissez le mélange obtenu dans deux coupelles et réservez.

Dans le même temps, portez à ébullition une grande casserole remplie d'eau sur feu vif puis jetez-y les nouilles soba et remuez pour éviter qu'elles ne collent. Modulez l'intensité du feu pour que l'eau ne déborde pas et laissez cuire les nouilles entre 2 et 3 minutes. Puis ajoutez les tiges d'épinards et, dans un second temps, les feuilles et le wakame.

Lorsque l'eau bout à nouveau et que son niveau s'élève, éteignez le feu et égouttez rapidement dans une passoire. Passez sous l'eau froide les nouilles et les légumes afin de les rafraîchir.

Égouttez soigneusement et répartissez le mélange dans deux assiettes. Garnissez de lamelles d'oignon nouveau, saupoudrez de nori et d'épices (ou de piment) selon votre goût. Servez les assiettes accompagnées de la sauce et de baguettes.

Soba, umeboshi & brocolis

Pour 2 personnes

- 200 g de nouilles soba sèches
- 100 g de brocolis coupés en morceaux moyens
- 2 umeboshi dénoyautées et coupées en quatre
- 2 gousses d'ail émincées
- 1/2 cuill. à soupe de graines de sésame grillées
- 2 cuill. à soupe d'huile d'olive vierge extra
- 1/4 cuill. à café de sel

Les umeboshi, prunes salées marinées, sont un produit de base de la cuisine japonaise auquel on prête de très nombreuses vertus, parmi lesquelles on peut citer son action sur la digestion, la fatigue, le processus de vieillissement...

Portez une grande casserole d'eau à ébullition, jetez-y les nouilles, remuez-les pour qu'elles ne collent pas et attendez que l'ébullition reprenne. Dans le même temps, mettez l'huile, l'ail et le sel dans une large poêle et faites chauffer à feu doux pour que l'huile s'imprègne de la saveur de l'ail.

Lorsque l'eau des nouilles soba bout à nouveau, ajoutez les brocolis et laissez cuire 1 minute. Versez un verre d'eau froide lorsque l'eau s'apprête à déborder. Attendez une troisième ébullition avant d'éteindre le feu. Égouttez, rincez soigneusement sous l'eau froide et égouttez à nouveau. Retirez l'ail de la poêle et ajoutez les nouilles afin de les faire sauter brièvement.

Éteignez le feu, ajoutez les umeboshi coupées et mélangez soigneusement. Divisez le mélange obtenu en deux portions, parsemez de graines de sésame et servez avec des baguettes.

Nouilles soba au thé vert avec aubergines & daikon

Pour 2 personnes

- 200 g de nouilles soba sèches au thé vert
- 1 aubergine piquée
- 200 g de daikon brossé
- 2 cuill. à café de racine de gingembre fraîche râpée
- 4 cuill. à soupe de sauce de soja au dashi et à l'oignon (*cf.* p. 40)

Voici une autre recette qui allie la saveur fraîche du daikon râpé à celle, nettement marquée, de l'aubergine. Pour cette recette, utilisez, si c'est possible, des nouilles soba au thé vert ; vous réunirez ainsi dans votre assiette toutes les vertus du thé vert et du soba.

Placez l'aubergine au gril, préchauffé au maximum, pour faire noircir la peau. Une fois l'aubergine noircie, attendez qu'elle soit suffisamment refroidie et épluchez-la en introduisant une brochette en bambou sous la peau. Coupez la chair en lanières dans le sens de la longueur et réservez.

Portez une casserole d'eau à ébullition, jetez-y les nouilles et remuez pour éviter qu'elles ne collent. Lorsque l'eau bout à nouveau et s'apprête à déborder, versez un verre d'eau froide. Attendez la troisième ébullition avant d'égoutter, de passer à l'eau froide et d'égoutter une nouvelle fois.

Pendant ce temps, râpez le daikon. Serrez-en une poignée dans votre main avec douceur pour en retirer le jus. Mélangez ce jus à la sauce de soja au daishi et à l'oignon. Enfin, incorporez le gingembre râpé dans la sauce de soja.

Répartissez les nouilles dans deux assiettes et versez la sauce. Ajoutez le daikon râpé sur les nouilles, puis les lanières d'aubergine sur le daikon. Servez avec des baguettes.

Nouilles soba, nori & roquette

Pour 2 personnes

- 200 g de nouilles soba sèches
- 100 g de roquette
- 2 oignons nouveaux coupés fins
- 1 morceau de kombu (10 x 15 cm environ)
- 2 feuilles de nori
- 1/2 cuill. à café de piment
- 300 ml d'eau

Pour la sauce

- 1 morceau de kombu (10 x 15 cm environ)
- 200 ml de sauce de soja
- 2 cuill. à soupe de mirin
- 4 cuill. à soupe de sucre

Voici une version revue et corrigée du hanamaki soba, un plat classique à base de nouilles soba. Il s'agit en fait de nouilles soba servies dans un bouillon enrichi de nori en paillettes. La sauce s'adaptera à de nombreux plats de nouilles.

Préparez la sauce : placez le morceau de kombu dans une casserole avec la sauce de soja, le sucre et le mirin. Laissez reposer 30 minutes environ (1 heure si vous en avez le temps), puis faites chauffer à feu doux.

Retirez le kombu, laissez frémir 5 à 7 minutes et éteignez le feu. Laissez refroidir la sauce à température ambiante puis mettez-la au réfrigérateur dans un récipient en verre stérilisé couvert, où vous pourrez la conserver quatre semaines.

Portez une casserole d'eau à ébullition, jetez-y les nouilles et remuez pour qu'elles ne collent pas. Lorsque l'eau, qui bout à nouveau, est sur le point de déborder, versez un verre d'eau froide. Attendez l'ébullition suivante et éteignez le feu. Égouttez les nouilles, rincez-les à l'eau froide, égouttez-les à nouveau, puis répartissez-les dans deux bols garnis de feuilles de roquette.

Pendant ce temps, placez le kombu dans une casserole avec 300 ml d'eau et portez à ébullition à petit feu. Retirez-le avant l'ébullition, ajoutez 4 cuillerées à soupe de la sauce et attendez la nouvelle ébullition. Éteignez alors le feu et versez ce bouillon sur les nouilles à l'aide d'une louche.

Émiettez le nori et répartissez-le sur les nouilles. Garnissez de lamelles d'oignons et saupoudrez de piment. Servez sans attendre avec des baguettes.

Soba & champignons dans un bouillon à base de thé vert

Pour 2 personnes

- 200 g de nouilles soba sèches
- 6 pleurotes de taille moyenne
- 4 champignons shiitake frais
- 1 paquet de champignons shimeji
- 1 paquet de champignons enoki
- 2 oignons nouveaux coupés fins
- 4 cuill. à soupe de sauce à base de kombu (*cf.* p. 50)
- 2 cuill. à café du mélange à base de thé vert ci-dessous
- 1/4 cuill. à café d'agar-agar
- 300 ml d'eau

Pour le mélange à base de thé vert

- 2 cuill. à soupe de graines de sésame noir grillées
- 1 cuill. à soupe de thé matcha (thé vert en poudre)
- 2 cuill. à soupe de kinako (poudre de soja sec grillé)
- 3 cuill. à soupe de sucre noir

Les champignons, peu caloriques et dépourvus de graisses, regorgent de saveurs. De plus, ils sont riches en fibres solubles, en vitamines B et D. Dans cette recette, j'allie la saveur fumée des champignons japonais à la fraîcheur du thé vert, pour créer un plat aussi inattendu que savoureux.

Préparez le mélange à base de thé : moulez finement les graines de sésame à l'aide d'un pilon et d'un mortier. Ajoutez le matcha, le kinako et le sucre, puis moulez l'ensemble pour obtenir un mélange parfaitement homogène.

Tranchez les champignons shiitake après avoir enlevé les pieds. Coupez les bases qui soudent les champignons shimeji et enoki, afin de les séparer. Nettoyez les pleurotes.

Dans une casserole, versez l'eau et 4 cuillerées à soupe de la sauce à base de kombu, ajoutez les champignons et faites cuire à feu moyen. Baissez le feu et laissez le bouillon frémir légèrement. Ajoutez 2 cuillerées à café du mélange à base de thé vert ainsi que l'agar-agar dilué dans 1 cuillerée à café d'eau pour épaissir la préparation.

Pendant ce temps, portez une casserole d'eau à ébullition, jetez les nouilles et remuez pour qu'elles ne collent pas. Lorsque l'eau s'apprête à bouillir à nouveau et pourrait déborder, ajoutez un verre d'eau froide. Attendez l'ébullition suivante, puis égouttez, passez sous l'eau froide et égouttez une dernière fois.

Répartissez les nouilles dans deux bols préalablement chauffés, versez le bouillon dessus, garnissez avec les oignons nouveaux et servez sans oublier les baguettes.

Astuce

Le mélange à base de thé vert se conserve quatre semaines dans un récipient hermétique placé au réfrigérateur. Il peut se boire chaud en remplacement du café.

Nouilles soba à la sauce gaspacho

Pour 2 personnes

- 200 g de nouilles soba sèches
- 1 cuill. à soupe d'huile d'olive vierge extra
- Quelques brins de persil plat

Pour la sauce gaspacho

- ½ poivron rouge coupé fin
- ½ poivron jaune coupé fin
- 1 branche de céleri coupée fin
- ½ concombre nain
- ½ oignon blanc ou rouge coupé fin
- 100 ml de jus de tomates
- Sel et poivre noir fraîchement moulu

Cette sauce fraîche et goûteuse à base de tomate s'harmonisera parfaitement avec les nouilles soba. Faites-moi confiance, vous allez adorer !

Portez une casserole d'eau à ébullition, jetez-y les nouilles et remuez afin d'éviter qu'elles ne collent. Lorsque l'ébullition reprend et que l'eau risque de déborder, versez un verre d'eau froide. Attendez la troisième ébullition pour achever la cuisson. Égouttez, rincez sous l'eau froide, puis melangez les nouilles à l'huile d'olive pour qu'elles ne collent pas. Versez-les dans une passoire qui sera posée dans un plat et au réfrigérateur. Ainsi, pendant que vous préparez la sauce, les nouilles continueront à s'égoutter.

Mettez tous les ingrédients pour la sauce gaspacho dans un grand saladier et mélangez-les bien ensemble. Prélevez quelques cuillerées à soupe du mélange obtenu et réservez-les. Ajoutez alors les nouilles dans le saladier et remuez soigneusement.

Répartissez les nouilles assaisonnées dans deux assiettes, versez dessus la sauce réservée, garnissez de brins de persil et servez avec des baguettes.

Soba & coquilles Saint-Jacques au pesto de mizuna

Pour 2 personnes

- 200 g de nouilles soba sèches
- 4 coquilles Saint-Jacques fraîches de belle taille
- 50 g de roquette
- 1 oignon nouveau tranché fin
- 2 cuill. à café d'huile

Pour le pesto de mizuna

- 100 g de feuilles de mizuna, lavées et coupées grossièrement
- 1 gousse d'ail écrasée
- 2 cuill. à soupe de pignons de pin
- 100 ml de jus de tomates
- 1/2 cuill. à café de pâte de wasabi
- 4 cuill. à soupe d'huile d'olive vierge extra + un peu pour asperger le pesto
- 1/2 cuill. à café de sel

Le mizuna est un légume d'hiver originaire du Japon et de Chine. Il se présente sous forme de touffes feuillues dont la partie supérieure fait penser à des feuilles de roquette sauvage alors que la partie inférieure se compose de tiges blanches, minces et fermes. Le mizuna a le goût poivré de la roquette sauvage, mais est plus craquant et juteux. Il se compose de 95 % d'eau et est très riche en vitamines A et C. Il contient aussi des minéraux, dont du calcium et du fer. Le mizuna est désormais plus facile à trouver dans les épiceries asiatiques, surtout en automne et en hiver. Mais, s'il restait introuvable, la roquette et les pousses d'épinards seront des remplaçantes parfaites !

Préparez le pesto de mizuna : mettez tous les ingrédients dans un robot et mixez jusqu'à l'obtention d'un mélange homogène. Vous avez alors 150 ml de sauce environ. Versez-la dans un récipient en plastique, aspergez la surface d'huile d'olive, mettez le couvercle et placez au réfrigérateur où elle se conservera une semaine.

Préchauffez une plaque en fonte à feu moyen. Coupez les coquilles Saint-Jacques en deux, huilez-les et faites-les cuire de 20 à 30 secondes de chaque côté. Réservez-les dans un plat chaud (elles ne doivent pas refroidir).

Pendant ce temps, portez une casserole d'eau à ébullition, jetez-y les nouilles soba et remuez afin qu'elles ne collent pas. Lorsque l'ébullition reprend et avant que l'eau ne déborde, versez un verre d'eau froide et attendez l'ébullition suivante. Égouttez, passez sous l'eau chaude, égoutter à nouveau. Remettez les nouilles dans la même casserole, qui doit être encore chaude, ajoutez les feuilles de roquette et 1 1/2 cuillérée à soupe de pesto, remuez pour bien incorporer la sauce à la préparation.

Répartissez les nouilles dans deux assiettes, garnissez avec les coquilles Saint-Jacques et l'oignon. Servez avec des baguettes.

Nouilles soba à l'œuf

Cette recette à base de nouilles est très rapide à préparer. Elle vous rendra bien service chaque fois que, bien que manquant de temps, vous aspirerez à manger sain !

Pour 2 personnes

- 200 g de nouilles soba sèches
- 1 cuill. à soupe de cresson
- 2 cuill. à café de racine de gingembre fraîche râpée
- 1 feuille de nori en paillettes
- 1 œuf
- 4 cuill. à soupe de sauce à base de kombu (*cf.* p. 50)
- 1/2 cuill. à café d'agar-agar
- 300 ml d'eau

Dans une casserole, versez dans l'eau la sauce à base de kombu. Faites chauffer à feu moyen jusqu'à ce que l'eau soit pratiquement arrivée à ébullition. Ajoutez l'agar-agar dilué dans 2 cuillerées à café d'eau, pour épaissir, et baissez le feu pour que l'eau frémisse.

Portez une autre casserole d'eau à ébullition, jetez-y les nouilles et remuez-les pour qu'elles ne collent pas. Lorsque l'eau s'apprête à bouillir à nouveau et risque de déborder, ajoutez un verre d'eau froide. Attendez la troisième ébullition avant d'égoutter, de rincer sous l'eau froide et d'égoutter une dernière fois.

Ajoutez l'œuf légèrement battu dans le bouillon. Attendez un moment avant de remuer avec des baguettes et d'enrouler l'œuf sur lui-même. Éteignez le feu.

Répartissez les nouilles dans deux bols préalablement chauffés et versez dessus le bouillon à la louche. Garnissez avec le nori en paillettes, le cresson et le gingembre râpé. Servez sans attendre avec des baguettes.

Nouilles soba au brocoli & au tofu

Pour 2 personnes

- 200 g de nouilles soba sèches
- 1 tête de brocoli de 200 g environ coupée grossièrement
- 2 gousses d'ail tranchées
- 100 g de tofu
- 1 grosse poignée de nori en paillettes
- 1 cuill. à soupe de graines de sésame grillées
- 1 cuill. à soupe d'huile d'olive
- 1 cuill. à café de sel + 1 pincée
- Poivre noir fraîchement moulu

Cette recette simple vous permettra de préparer un déjeuner sain, même s'il ne reste plus grand-chose dans le réfrigérateur. C'est tellement mieux que d'aller à la boulangerie du coin, s'acheter un sandwich qui contient tant de graisses cachées et autres mauvaises surprises !

Enveloppez le tofu dans des feuilles de papier absorbant et laissez-le égoutter sur une planche légèrement inclinée pendant 20 minutes environ. Placez un petit poids dans une assiette posée sur le tofu pour accélérer l'opération (ou, si vous manquez de temps, passez le tofu 1 minute au four à micro-ondes, à chaleur moyenne). Une fois le tofu égoutté, coupez-le grossièrement.

Mettez l'ail et le sel dans une casserole remplie d'eau et portez à ébullition à feu moyen. Faites cuire l'ail 2 à 3 minutes, puis ajoutez le brocoli et laissez cuire 3 minutes supplémentaires. Réservez une louche d'eau de cuisson puis égouttez le brocoli et l'ail, passez-les sous l'eau froide et égouttez-les à nouveau.

Pendant ce temps, portez une autre casserole d'eau à ébullition, mettez-y les nouilles et remuez-les pour qu'elles ne collent pas. Lorsque l'eau est sur le point de bouillir à nouveau, versez un verre d'eau froide. Attendez l'ébullition suivante et terminez la cuisson. Égouttez-les nouilles, passez-les sous l'eau froide et égouttez à nouveau.

Dans une poêle, faites chauffer l'huile d'olive à feu moyen. Ajoutez l'ail, le brocoli et le tofu. Écrasez l'ail et le brocoli avec le dos d'une fourchette et ajoutez l'eau de cuisson réservée. Lorsque le mélange commence à frémir, ajoutez les nouilles soba et remuez soigneusement pour bien mélanger tous les ingrédients. Salez et poivrez. Répartissez ce mélange dans deux assiettes et décorez avec les graines de sésame et le nori en paillettes. Servez aussitôt avec des baguettes.

Nouilles soba aux œufs de saumon & au daikon

Pour 2 personnes

- 200 g de nouilles soba sèches (de préférence au thé vert)
- 1 oignon (blanc ou rouge) coupé fin
- 200 g de daikon brossé
- 4 cuill. à soupe d'œufs de saumon
- 4 cuill. à soupe de sauce de soja au dashi et à l'oignon (*cf.* p. 40)
- Pâte de wasabi (2 cuill. à café de poudre de wasabi mélangées à 4 cuill. à café d'eau)
- 1 cuill. à soupe de saké

Le daikon (radis blanc) est un légume peu calorique, mais riche en vitamines (A et C notamment). Il a la réputation de faciliter la digestion. Il est légèrement piquant dans sa partie inférieure et plus doux dans sa partie supérieure. La façon la plus rapide et la plus efficace de le consommer pour bénéficier de tous ses bienfaits est de le manger cru. Pour cela, il faut choisir un daikon ferme à la peau lisse.

Faites tremper l'oignon tranché dans un récipient rempli d'eau froide afin de réduire son arôme tout en le rafraîchissant. Râpez le daikon avec sa peau et pressez-le dans la main pour en tirer du jus. Puis redonnez-lui du volume. Diluez le jus obtenu dans la sauce de soja au dashi et à l'oignon. Mélangez les œufs de saumon et le saké.

Portez une casserole d'eau à ébullition, mettez-y les nouilles et remuez pour éviter qu'elles ne collent. Lorsque l'eau est sur le point de bouillir et prête à déborder, versez un verre d'eau froide. Attendez la troisième ébullition pour terminer la cuisson. Égouttez, passez sous l'eau froide et égouttez à nouveau.

Égouttez l'oignon. Répartissez les nouilles dans deux assiettes et versez la sauce de soja au dashi et à l'oignon. Garnissez successivement avec l'oignon, le daikon râpé et les œufs de saumon en formant une petite pyramide. Terminez par une pointe de pâte de wasabi. Servez avec des baguettes.

Nos rythmes de vie sont parfois si intenses que nous n'avons même pas le temps de nous asseoir pour déjeuner et sommes souvent contraints de grignoter rapidement un sandwich pré-emballé. Même si cela vaut assurément mieux que de sauter un repas, un tel choix suscite deux sortes de constatations, fondamentales pour toute personne soucieuse de manger sainement : un sandwich est très calorique et riche en graisses, et la qualité et l'origine des ingrédients qui le composent restent généralement un mystère absolu.

Comme vous allez le découvrir avec les recettes qui suivent, il suffit d'un minimum de planification pour préparer un déjeuner à emporter qui, tout en restant délicieux et sain, rassasie jusqu'au soir. En outre – et cela ne vous a sans doute pas échappé –, nombre de recettes proposées dans le chapitre précédent pourront parfaitement convenir à un déjeuner sur le pouce.

Déjeuners sur le pouce

Maki sushi

Pour 1 personne

- 80 g de riz pour sushi (*cf.* p. 132)
- 1 feuille de nori
- Pâte de wasabi
- 1 petit bol d'eau

Pour le fourrage des maki sushi, choisissez parmi les ingrédients suivants :

- Légumes frais ou cuits (concombres, carottes, asperges, haricots verts)
- Poisson extra frais pouvant être mangé cru (thon, saumon, loup, carrelet)
- Saumon fumé

Matériel

- Natte pour rouler les maki sushi

Les maki sushi sont parfaits pour un déjeuner sur le pouce. La technique permettant de les rouler peut sembler difficile de prime abord, mais c'est juste une question de pratique et de persévérance ; très vite, vous trouverez cela aussi enfantin que de préparer un sandwich ! Les secrets de la réussite des maki sushi consistent à avoir les ingrédients et le matériel nécessaires à portée de main, et à bien s'organiser.

Découpez en bâtonnets les ingrédients que vous avez choisis pour le fourrage.

Coupez la feuille de nori en deux et mettez-en une moitié sur la natte (la face lisse et brillante contre la natte) placée devant vous. Humectez vos doigts dans le bol d'eau, prenez le riz pour sushi et façonnez-le en forme de saucisse.

Placez le riz sur le nori et répartissez-le de façon homogène en laissant une bande de 1 cm dans la partie supérieure – celle-ci servira à bien rouler vos sushi par la suite.

Avec l'index, dessinez une ligne de wasabi dans la partie centrale et collez dessus l'un des ingrédients sélectionnés pour la confection de vos maki sushi.

À l'aide des pouces et des index, soulevez la partie de la natte la plus proche de vous, tout en maintenant en place la préparation avec les autres doigts. Joignez les extrémités supérieure et inférieure de riz puis roulez.

Déroulez la natte pour libérer le rouleau obtenu, puis recouvrez-le à nouveau de la natte et pressez délicatement du centre vers les extrémités pour lui donner une forme de cylindre régulier.

Mettez le rouleau sur une planche à découper, humidifiez la lame d'un couteau bien aiguisé et coupez le rouleau en deux. Placez les deux moitiés côte à côte et coupez-les en trois. Et voici six maki sushi aux proportions parfaites… ou quasi parfaites !

Inari sushi

Pour 1 personne

- 160 g de riz pour sushi (*cf.* p. 132)
- 4 poches de tofu frit aromatisées
- 1 cuill. à soupe de gari (condiment préparé à partir de gingembre mariné) coupé fin
- 2 cuill. à café de graines de sésame

Pour aromatiser les poches de tofu frit

- 2 poches de tofu frit
- 2 cuill. à soupe de sauce de soja
- 1 cuill. à soupe de mirin
- 1 cuill. à soupe de sucre
- 100 ml d'eau

Pour réaliser les inari sushi, on choisit généralement des poches aromatisées et sucrées. Vous pouvez acheter des poches de tofu frit déjà aromatisées et prêtes à l'emploi, qui sont très utiles à avoir chez soi. Pour ma part, je préfère les aromatiser moi-même. Les poches de tofu aromatisées se conservent entre quatre et cinq jours au réfrigérateur et un mois au congélateur.

Aromatisez les poches de tofu frit : coupez les 2 poches en deux et versez de l'eau bouillante dessus pour enlever un maximum d'huile. Séparez les moitiés délicatement pour former vos 4 poches. Placez ces poches dans une casserole contenant de l'eau et du sucre. Portez à ébullition, puis laissez cuire 3 minutes à feu moyen.

Ajoutez la sauce de soja et le mirin, réduisez le feu pour que l'eau frémisse jusqu'à évaporation quasi complète.

Pour réaliser les inari sushi, essuyez délicatement les poches afin d'enlever tout liquide superflu. Mélangez le gari et les graines de sésame avec le riz et répartissez votre préparation finale en quatre portions égales. À l'aide d'une cuillère à soupe préalablement passée sous l'eau, introduisez le riz dans chaque poche et repliez le dessus pour fermer.

Furikake au saumon(condiment)

Pour 1 personne

- 100 g de riz brun cuit et refroidi (*cf.* p. 31)
- 100 g de saumon en filet
- 1/2 feuille de nori en paillettes
- 1 cuill. à café de sauce de soja
- 2 cuill. à soupe de graines de sésame grillées
- 1/2 cuill. à café de sel

Le furikake (condiment) est très facile à préparer et accompagne idéalement le riz dans une boîte à déjeuner – *bento* en japonais. Pour assurer la réussite de votre préparation, passez les ingrédients dans une poêle chauffée à sec afin d'enlever toute humidité.

Frottez le saumon avec le sel, puis mettez-le 30 minutes au réfrigérateur. Grillez-le ensuite à votre goût. Enlevez la peau avant d'émietter la chair du saumon.

Mettez les miettes de saumon dans une poêle antiadhésive avec la sauce de soja et faites chauffer la poêle à sec et à feu doux, tout en remuant à l'aide de deux paires de baguettes, jusqu'à ce que toute humidité ait disparu. Ajoutez les graines de sésame et le nori. Mélangez soigneusement afin que tous les ingrédients soient bien incorporés puis laissez refroidir.

Mettez le riz froid dans votre boîte à déjeuner et parsemez-le de furikake au saumon.

Furikake au wakame et au thé vert (condiment)

Pour 1 personne

- 100 g de riz brun cuit et refroidi (*cf.* p. 31)
- 15 g de wakame seché
- 1 cuill. à soupe de graines de sésame grillées
- 1 cuill. à soupe de feuilles de thé vert

Voici une nouvelle variation sur le thème du condiment… Pour conserver le furikake, je vous conseille de le mettre dans un pot placé au réfrigérateur, où vous pourrez le garder une semaine.

À l'aide d'un mortier et d'un pilon, moulez finement le wakame et les feuilles de thé vert.

Dans une poêle antiadhésive, faites chauffer à sec et à petit feu le mélange de wakame et de thé jusqu'à ce qu'il soit bien croquant. Ajoutez les graines de sésame et laissez refroidir.

Mettez le riz froid dans votre boîte à déjeuner et parsemez de furikake au wakame et au thé vert.

Omusubi

Pour 1 personne

- 80 g de riz brun chaud (*cf.* p. 31)
- 1 feuille de nori
- 2 cuill. à café de sel
- 100 ml d'eau froide

Pour le fourrage, choisissez l'un des ingrédients suivants :

- Umeboshi (prunes marinées) dénoyautées
- Takuan (radis jaune mariné) tranché
- Des légumes marinés de votre choix
- De petits morceaux de poisson grillé
- Du saumon fumé coupé en morceaux

Au Japon, omusubi est synonyme de repas rapide, pris sur le pouce. On donne au riz chaud fourré des formes variées avant de l'envelopper d'ingrédients secs. Le choix du fourrage et de l'enrobage des omusubi est immense... Une fois que vous maîtriserez la technique de fabrication, je suis certaine que vous adorerez préparer, puis déguster les omusubi. Je me propose de vous apprendre à réaliser des omusubi triangulaires enveloppés de nori. Généralement, le riz recouvre totalement le fourrage, mais vous pouvez faire en sorte que ce dernier soit partiellement visible, à l'instar des omusubi présentés sur la photographie ci-contre.

Dans un saladier, faites dissoudre le sel dans l'eau. Mouillez-vous généreusement les mains dans l'eau salée.

Réservez une belle cuillérée à dessert de riz cuit et chaud et placez le restant de riz dans votre paume gauche en serrant doucement. Faites un trou au centre et introduisez-y le fourrage de votre choix (l'omusubi classique est fourré à l'umeboshi). Puis recouvrez le fourrage avec le riz réservé. Avec l'index et l'annulaire droits appliqués sur la boule de riz tenue dans votre paume gauche, aplatissez successivement les côtés de votre boule pour obtenir un beau triangle.

Dans la feuille de nori, coupez deux triangles. Placez l'omusubi sur l'un des triangles. Ramenez d'abord le bord inférieur du nori sur l'omusubi, puis les côtés gauche et droit du nori, en laissant uniquement la pointe supérieure découverte. Répétez l'opération avec le deuxième triangle.

Rouleaux de printemps

Pour 2 personnes

- 100 g de crevettes cuites
- 1 concombre nain
- 1 petite carotte
- 1/2 avocat
- 4 feuilles de laitue lavées et coupées
- 4 feuilles de papier de riz
- 2 cuill. à soupe de yofu (yaourt de tofu)
- 1 cuill. à café de pâte de miso rouge
- 1/2 cuill. à café de pâte de wasabi

Les feuilles de papier de riz, faites à partir de farine de riz, sont peu caloriques et dépourvues de matières grasses. Elles sont pratiques, faciles à utiliser et donc idéales pour préparer en deux temps trois mouvements un déjeuner sur le pouce.

Essuyez soigneusement les feuilles de papier de riz préalablement trempées dans l'eau, puis placez-les entre des feuilles de papier absorbant humidifié et laissez-les le temps de préparer le mélange que vous mettrez à l'intérieur pour réaliser les rouleaux de printemps.

Coupez le concombre en deux dans le sens de la longueur, puis encore en deux et enlevez la partie centrale avec les graines. Épluchez la carotte et coupez-la en quatre bâtonnets. Coupez le 1/2 avocat en quatre. Mélangez le yofu avec les pâtes de miso et de wasabi.

Placez une feuille de papier de riz sur une planche à découper propre, déposez-y la laitue, le concombre, la carotte, l'avocat et les crevettes. Versez la sauce sur les légumes et les crevettes et roulez l'ensemble. Recommencez l'opération avec les trois autres feuilles de papier de riz. Coupez ensuite vos quatre rouleaux de printemps en deux et en biseau et mettez-les dans votre boîte à déjeuner.

Vous serez peut-être surpris d'apprendre que les salades ne font pas partie de la cuisine japonaise traditionnelle. En revanche, il existe les sunomono (littéralement, « les choses vinaigrées ») et les aemono (choses « combinées » ou « harmonisées »). De petites portions de sunomono et d'aemono sont généralement servies en accompagnement dans des bols élégants. Une fois familiarisé avec ces éléments typiques de la cuisine japonaise, vous découvrirez qu'ils offrent un terrain idéal pour la créativité, avec leurs trois composantes de base : le vinaigre de riz, la sauce de soja et le miso. Toutes les recettes proposées dans ce chapitre permettent de faire un repas complet, que ce soit pour le déjeuner ou le dîner. Certaines recettes sont plus nourrissantes que d'autres ; à vous, donc, de trouver un équilibre entre le déjeuner et le dîner. Dans les recettes utilisant du daikon, il est aisé d'obtenir un plat plus nourrissant en augmentant la quantité de daikon – un légume composé à 95 % d'eau et très pauvre en calories. Et, bien sûr, si vous avez une petite faim, vous trouverez toutes sortes d'en-cas à déguster sans aucune culpabilité dans le chapitre de cet ouvrage consacré aux redoutables petits creux et aux moyens – malins – de les combler (p. 158) !

Salades

Salade de pommes de terre, haricots verts, tomates et épinards

Pour 2 personnes

- 6 petites pommes de terre nouvelles brossées
- 100 g de haricots verts fins, épluchés et coupés en deux
- 100 g de pousses d'épinards, lavées et essorées
- 10 petites tomates grappes coupées en deux
- 1/2 oignon rouge coupé fin
- 1 gousse d'ail coupée en deux
- 1 cuill. à café de graines de sésame grillées

Pour la sauce au soja et à la menthe

- 4 cuill. à soupe de sauce de soja
- 1 cuill. à soupe de miel liquide
- 1 cuill. à soupe de vinaigre de riz
- 1 cuill. à café d'huile de sésame
- 1 poignée de feuilles de menthe fraîche coupées fin

Voici le type même de la salade que j'adore manger l'été. Elle est belle à regarder et rassemble des saveurs si caractéristiques de cette saison !

Coupez les pommes de terre en tranches épaisses et faites-les bouillir 10 minutes. Blanchissez les haricots 2 à 3 minutes, avant de les rafraîchir à l'eau froide et de les mettre de côté pour qu'ils s'égouttent bien. Faites tremper les tranches d'oignon dans un bol d'eau froide pendant 10 minutes afin d'enlever toute odeur et égouttez-les.

Frottez l'ail sur la surface du saladier ou du plat. Mélangez tous les ingrédients de la sauce.

Placez tous les légumes dans le saladier (ou le plat) choisi, versez la sauce dessus et remuez délicatement. Parsemez de graines de sésame et servez avec des baguettes.

Salade de nouilles, asperges, haricots verts et hijiki

Pour 2 personnes

- 200 g de nouilles de soja sèches
- 100 g de haricots verts, épluchés et coupés dans le sens de la longueur
- 10 pointes d'asperges coupées en morceaux de la taille des haricots verts
- 2 cuill. à soupe d'hijiki séché
- 1 cuill. à café de graines de sésame grillées

Pour l'assaisonnement au sésame

- 2 cuill. à soupe de graines de sésame grillées
- 2 cuill. à soupe de sauce de soja
- 1 cuill. à café de pâte de miso
- 1 cuill. à soupe de sucre brun

C'est l'une de mes alliances préférées de goûts et de textures, que fait ressortir l'assaisonnement au sésame... une petite merveille pour tous ceux dont elle constituera le repas !

Portez une casserole d'eau à ébullition, versez-y les nouilles et remuez-les pour les empêcher de coller. Lorsque l'eau bout à nouveau et s'apprête à déborder, versez un verre d'eau froide et l'hijiki. Attendez l'ébullition suivante, puis égouttez, rincez sous l'eau froide et mettez de côté pour que les nouilles continuent de s'égoutter.

Mettez les haricots dans une autre casserole remplie d'eau, portez à ébullition et laissez cuire entre 2 et 3 minutes. Puis ajoutez les pointes d'asperges et laissez cuire 1 minute. Égouttez et rafraîchissez sous l'eau froide avant d'égoutter à nouveau.

Préparez la sauce : mettez les graines de sésame dans un mortier et pilez-les grossièrement. Ajoutez ensuite les autres ingrédients de la sauce et pilez à nouveau pour obtenir une texture fine.

Placez les nouilles, les légumes et l'assaisonnement dans un saladier, et mélangez soigneusement. Divisez la préparation en deux portions égales, placez-les dans des assiettes et garnissez-les de graines de sésame. Servez avec des baguettes.

Haricots variés et germes de soja, sauce soja et sésame pimentée

Pour 2 personnes

- 1 carotte épluchée et coupée en dés
- 75 g de fèves fraîches ou surgelées
- 200 g de haricots mélangés en conserve (poids égoutté)
- 100 g de germes de soja prêts à l'emploi
- 1/2 oignon rouge émincé

Pour l'assaisonnement au soja, au sésame et au piment

- 2 oignons nouveaux émincés
- 2 cuill. à soupe de sauce de soja
- 1/4 ou 1/2 cuill. à café de poudre de piment
- 1 cuill. à soupe de graines de sésame grillées
- 1 cuill. à café de miel liquide
- 1 cuill. à café d'huile de sésame

Voici une nouvelle recette aussi facile que rapide à réaliser, à base de haricots et de germes de soja. En fonction de la saison et de vos envies, vous pouvez la servir froide ou chaude...

Faites cuire les fèves et la carotte dans une casserole d'eau bouillante 2 à 3 minutes et égouttez.

Dans une autre casserole d'eau bouillante, blanchissez les germes de soja et égouttez-les soigneusement. Égouttez les haricots en conserve et passez-les sous l'eau, chaude ou froide, selon que votre plat sera servi chaud ou froid.

Mélangez tous les ingrédients composant l'assaisonnement. Mettez les fèves, les haricots, les germes de soja, la carotte et l'oignon dans un saladier, versez l'assaisonnement et remuez avec soin. Répartissez la salade ainsi obtenue dans deux assiettes et servez – chaud ou froid – avec des baguettes.

Chou nouveau macéré dans une vinaigrette sucrée

Pour 2 personnes

- 4 à 6 feuilles de chou nouveau, coupées en morceaux de la taille d'une bouchée
- 1 carotte épluchée et tranchée
- 10 pois gourmands, coupés en biseau
- 50 g de racine de lotus
- 1 morceau de kombu (5 x 7 cm environ), coupé en fines lamelles de petite taille
- ½ cuill. à café de sel

Pour la vinaigrette sucrée

- 2 cuill. à soupe de vinaigre de riz
- 1 cuill. à soupe de miel liquide
- 1 cuill. à café de sauce de soja

Les choux nouveaux – surtout les variétés de choux pointus – sont tendres et possèdent des saveurs douces qui ressortent particulièrement bien lorsqu'ils sont dégustés froids en salade.

Mettez le chou, la carotte et le kombu dans un saladier. Saupoudrez de sel et malaxez soigneusement avec les mains.

Remplissez un second saladier (plus petit) d'eau et placez-le dans le premier saladier, sur votre mélange de légumes pendant 30 minutes. Coupez la racine de lotus dans le sens de la longueur et tranchez-la en demi-lunes ou en très fines tranches. Blanchissez les pois gourmands.

Mélangez tous les ingrédients de la vinaigrette sucrée.

Égouttez le chou avec les mains afin d'enlever l'eau, ajoutez les pois gourmands et la racine de lotus, versez la vinaigrette et remuez soigneusement. Avant de servir, laissez reposer 10 minutes environ, pour que les saveurs s'exhalent.

Astuce

En dehors du Japon, la racine de lotus est disponible déjà cuite sous vide. Elle se garde relativement longtemps ; si vous ne l'utilisez que partiellement, vous pouvez la conserver dans un bol d'eau fraîche placé au réfrigérateur pendant 1 semaine.

Salade de daikon, d'edamame et d'avocat en vinaigrette

Pour 2 personnes

- 200 g de daikon brossé
- 1 carotte brossée
- 1 concombre nain
- 100 g d'edamame congelé (haricots de soja)
- ½ poivron rouge
- ½ poivron jaune
- 1 avocat
- 1 petit oignon rouge
- Les pépins d'une grenade et son jus

Pour la vinaigrette

- 2 cuill. à café de jus de yuzu
- 2 cuill. à soupe de vinaigre de riz
- 1 cuill. à soupe de sauce de soja
- 1 cuill. à soupe de miel liquide

Cette salade, composée de nombreux ingrédients tous excellents pour votre santé et la beauté de votre peau, a le mérite supplémentaire d'être belle à regarder.

À l'aide d'une mandoline japonaise – râpe permettant une grande finesse de coupe – coupez le daikon et la carotte, et placez-les dans un grand saladier rempli d'eau glacée. Épluchez le concombre et coupez-le en deux dans le sens de la longueur. Enlevez sa partie centrale, puis passez-le à la mandoline.

Épluchez et tranchez l'oignon rouge aussi finement que possible dans le saladier. Avec les mains, mélangez délicatement le daikon, la carotte, le concombre et l'oignon, puis mettez au réfrigérateur 30 minutes. Pendant ce temps vous préparerez les autres légumes.

Faites cuire l'edamame dans l'eau bouillante pendant 2 minutes, égouttez-le et refroidissez-le en le passant sous l'eau froide. Réservez pour que l'égouttage se poursuive.
Coupez les poivrons en fine julienne en enlevant les fibres blanches et les graines. Égouttez le mélange de daikon, carotte, concombre et oignon, répartissez-le dans deux assiettes et parsemez de lamelles de poivrons.

Tranchez l'avocat en deux, enlevez le noyau, épluchez-le et coupez-le en petits cubes et répartissez-les sur les poivrons. Garnissez ensuite avec l'edamame et la grenade. Mélangez tous les ingrédients destinés à la vinaigrette, versez-la sur la salade et servez avec des baguettes.

Astuce

Le yuzu est un agrume proche du cédrat, dont la peau et le jus sont utilisés pour aromatiser les plats. En dehors du Japon, le jus est vendu en petites bouteilles que vous devez conserver au réfrigérateur une fois ouvertes. Si vous n'arrivez pas à en trouver, vous pouvez parfaitement le remplacer par du jus de citron vert.

Salade de tofu, crabe et avocat au wasabi

Le tofu soyeux et l'avocat crémeux s'allient harmonieusement dans cette salade relevée par la sauce au wasabi.

Pour 2 personnes

- 100 g de chair de crabe blanche
- 1 avocat
- ½ oignon rouge ou blanc
- Le jus de ½ citron vert
- Quelques brins de persil plat
- 200 g de tofu soyeux

Pour la sauce au wasabi

- 1 cuill. à café de pâte de wasabi
- 1 cuill. à soupe de sauce de soja
- 1 cuill. à soupe de vinaigre de riz
- 3 cuill. à soupe d'huile d'olive

Enveloppez le tofu dans du papier absorbant et mettez-le au réfrigérateur 30 minutes pour qu'il s'égoutte naturellement.

Tranchez finement l'oignon et faites-le tremper dans un bol d'eau froide afin d'éliminer toute odeur. Coupez l'avocat en tranches de la taille d'une bouchée et aspergez-le de citron vert. Coupez le tofu en morceaux de la taille d'une bouchée de 5 mm d'épaisseur et disposez-le sur un grand plat.

Mélangez tous les ingrédients de la sauce au wasabi. Égouttez l'oignon, répandez-le sur le tofu. Faites de même avec l'avocat et la chair de crabe. Versez ensuite la sauce au wasabi et parsemez de quelques feuilles de persil plat. Servez avec des baguettes.

Salade César au tofu

On connaît les bienfaits du tofu, mais on pense souvent qu'il n'a aucun goût. C'est pourtant cette absence de saveur qui en fait un ingrédient idéal à harmoniser avec d'autres. Il faut penser au tofu comme à la toile blanche du peintre qui n'attend que vous pour créer un chef-d'œuvre !

Pour 2 personnes

- 200 g de tofu
- 50 g de salade croquante coupée grossièrement
- 25 g de cresson équeuté
- 2 tranches minces de bacon
- 1 cuill. à soupe d'huile

Pour l'assaisonnement

- ½ cuill. à café d'ail râpé
- ½ cuill. à soupe de jus de citron
- ½ jaune d'œuf
- 2 filets d'anchois écrasés
- 2/3 gouttes de sauce Worcester
- 2 cuill. à soupe d'huile d'olive
- Sel et poivre noir moulu

Enveloppez le tofu dans du papier absorbant et passez-le au four à micro-ondes (chaleur moyenne) 1 minute. Laissez-le tofu refroidir dans son papier absorbant et posez-le sur d'autres feuilles de papier afin qu'il continue à s'égoutter.

Répartissez sur deux assiettes les feuilles de salade et le cresson. Mélangez tous les ingrédients de l'assaisonnement dans un bocal et agitez pour obtenir une sauce homogène.

Coupez le tofu en cubes de 2,5 cm de côté. Chauffez l'huile dans une poêle et faites revenir le bacon et le tofu jusqu'à ce qu'ils deviennent croustillants. Enlevez le tofu et le bacon à l'aide d'une écumoire et déposez-les d'abord sur du papier absorbant puis sur les feuilles de salade. Versez l'assaisonnement et servez avec des baguettes.

Salade de tofu

Pour 2 personnes

- 200 g de tofu
- 1 concombre nain
- 1 carotte brossée
- 50 g de laitue coupée fin
- 6 radis tranchés fin
- 50 g de cresson lavé et équeuté
- 1/2 oignon blanc ou rouge
- 2 cuill. à café de graines de sésame grillées

Pour la sauce

- 2 cuill. à soupe de graines de sésame grillées
- 20 g de tofu (prélevés sur les 200 g ci-dessus)
- 2 cuill. à soupe de vinaigre de riz
- 1 cuill. à soupe de sauce de soja
- 1 cuill. à café de sucre
- 1/2 cuill. à café d'huile de sésame
- 2 à 3 cuill. à soupe d'eau

Dans cette recette, le tofu est utilisé deux fois : il est à la fois l'ingrédient principal de la salade et la base de la sauce.

Enveloppez le tofu dans des feuilles de papier absorbant et passez-le au four à micro-ondes (chaleur moyenne) pendant 1 minute, pour éliminer l'eau en excès (le tofu se compose de 90 % d'eau), et laissez-le refroidir, toujours enveloppé, sur d'autres feuilles de papier absorbant.

Pendant ce temps, tranchez l'oignon aussi finement que possible et trempez-le dans l'eau froide afin d'enlever toute odeur. Épluchez le concombre, coupez-le en deux dans le sens de la longueur, enlevez les parties centrales et tranchez-le en julienne. Tranchez ensuite la carotte.

Préparez la sauce : placez les graines de sésame dans un mortier et pilez-les pour obtenir une texture grossière. Ajoutez 20 grammes de tofu et continuez à piler jusqu'à l'obtention d'une pâte onctueuse. Ajoutez les autres ingrédients de la sauce et rectifiez l'épaisseur en ajoutant de l'eau si nécessaire.

Brisez le tofu en morceaux de la taille d'une bouchée et divisez-le en deux portions égales. Égouttez les tranches d'oignon. Répartissez les légumes dans les deux assiettes : dans chacune, placez la moitié du tofu puis, dans l'ordre, la laitue, la carotte, le concombre, les radis, le cresson et les tranches d'oignon. Versez l'assaisonnement sur la salade, garnissez avec les graines de sésame et servez avec des baguettes.

Ceviche de carrelet au pamplemousse et à la roquette

Pour 2 personnes

- 200 g de filet de carrelet (sans arêtes et sans peau)
- 2 belles poignées de roquette
- 1 pamplemousse épluché et coupé en quartiers
- 4 cuill. à soupe d'edamame congelés (haricots de soja)
- 1 cuill. à café de graines de sésame noires et blanches grillées
- ½ cuill. à café de flocons de piment
- 1 cuill. à soupe de sauce de soja
- 1 cuill. à soupe d'huile d'olive vierge extra

Pour la marinade

- 2 citrons verts (zeste râpé fin et jus)
- 2 cuill. à soupe de vinaigre de riz
- 1 cuill. à café de jus de yuzu

Le ceviche n'est pas un plat japonais, mais une spécialité du Pérou qui consiste en une marinade de poisson au jus de citron vert et à l'oignon. Les marinades de poisson existent bien sûr aussi au Japon, mais elles sont préparées avec des agrumes et du vinaigre de riz.

Passez les doigts sur le filet de poisson afin de vous assurer que toutes les arêtes ont été enlevées (s'il en reste, utilisez une pince à arêtes de poisson pour les retirer). Coupez le filet dans le sens de la longueur et tranchez-le ensuite en diagonale aussi finement que possible.

Préparez la marinade : mélangez le vinaigre de riz, le jus de yuzu, le jus de citron vert et son zeste dans un plat peu profond.

Ajoutez les tranches de poisson dans la marinade. Recouvrez d'un film transparent et placez au réfrigérateur entre 1 h et 1h30. Le poisson doit passer de transparent à opaque en cuisant dans la marinade.

Pendant ce temps, faites cuire les edamame congelés dans de l'eau bouillante pendant 2 minutes, rincez-les sous l'eau froide, égouttez et réservez pour que se poursuive le refroidissement et l'égouttage.

Répartissez les feuilles de roquette dans deux assiettes, puis les morceaux de pamplemousse et les edamame. Retirez les tranches de poisson de la marinade, essuyez-les dans un papier absorbant et répartissez-les sur la salade dans les deux assiettes. Versez l'huile en fin filet par-dessus et faites de même avec la sauce de soja. Garnissez avec les graines de sésame et les flocons de piment. Servez avec des baguettes.

Sashimi de saumon et salade de daikon

Pour 2 personnes

- 200 g de filet de saumon de première qualité (demandez au poissonnier d'ôter la peau)

Pour la salade de daikon

- 200 g de daikon brossé
- 1 concombre nain
- 1 cuill. à soupe de graines de sésame noires

Pour la sauce au wasabi et au gingembre

- 1 cuill. à soupe de gari
- 1/2 cuill. à café de poudre de wasabi
- 2 cuill. à soupe de sauce de soja
- 2 cuill. à café de vinaigre de riz
- 2 cuill. à soupe d'eau

L'un des principes cardinaux de la cuisine japonaise pourrait s'énoncer comme suit : si un poisson est suffisamment frais pour être mangé cru, il doit être mangé cru. La préparation des sushi est un art, et il vaut mieux laisser les professionnels s'en charger. Au Japon, les sashimis sont vendus prêts à consommer, mais un nombre croissant de poissonniers vend des poissons et des fruits de mer de qualité supérieure, destinés aux sashimis. Pour notre recette, la fraîcheur du saumon est essentielle.
Vous allez avoir besoin d'une mandoline japonaise : vous en trouverez dans tous les bons magasins d'ustensiles de cuisine.

À l'aide de la mandoline, râpez le daikon et placez-le dans un saladier rempli d'eau glacée. Épluchez le concombre et coupez-le dans le sens de la longueur. Retirez la partie centrale avec les graines avant de le râper au-dessus du saladier. Mélangez soigneusement le daikon et le concombre , puis placez le saladier au réfrigérateur 30 minutes environ, pendant que vous préparez le poisson.

Passez les doigts sur le filet de saumon pour vous assurer qu'il ne reste plus aucune arête (s'il en reste, enlevez-les à l'aide d'une pince à arêtes de poisson). Retirez la fine couche de chair marron. Tranchez le filet de saumon en diagonale pour obtenir des tranches rectangulaires de 1 cm d'épaisseur et 5 cm de long environ.

Versez tous les ingrédients de la sauce dans un mixer pour obtenir un mélange homogène. Essorez la salade de daikon et de concombre, puis divisez-la en deux portions. Faites un petit monticule dans chaque assiette, saupoudrez de graines de sésame noir et placez les tranches de saumon à côté. Versez la sauce sur votre préparation ou dans un petit récipient à part. Servez avec des baguettes.

Salade de saumon et de nouilles soba

Pour 2 personnes

- 200 g de filet de saumon avec la peau
- 200 g de nouilles soba sèches
- 100 g de salades mélangées
- 2 oignons nouveaux coupés fin et en biseau
- 2 cuill. à café de graines de sésame grillées et moulues
- 1 cuill. à café de sel

Pour la sauce

- 1 cuill. à soupe de sauce de soja
- 1 cuill. à café d'huile de sésame
- 2 cuill. à soupe d'huile d'olive vierge extra
- 2 cuill. à soupe de vinaigre de riz

Au Japon, le saumon est généralement vendu salé. Le sel rehausse sa saveur et sa texture. Cette recette se prépare à l'avance, mais le résultat récompensera vos efforts !

La veille au soir, frottez le filet de saumon avec le sel, puis enveloppez-le, sans le serrer, dans du papier absorbant, placez-le sur un plat et au réfrigérateur pour la nuit. Le lendemain matin (votre filet doit être plus sec et ferme) mettez le poisson dans une casserole, recouvrez-le d'eau froide et portez-le à ébullition à feu moyen. L'ébullition doit se faire en douceur. Réduisez ensuite le feu pour que l'eau frémisse pendant 10 minutes. Retirez alors le poisson de l'eau et laissez-le refroidir.

Pendant ce temps, portez une casserole d'eau à ébullition, jetez-y les nouilles soba et remuez pour qu'elles ne collent pas. Lorsque l'eau bout à nouveau et paraît sur le point de déborder, versez un verre d'eau froide. Attendez la nouvelle ébullition avant d'égoutter et de rincer les nouilles sous l'eau froide. Réservez-les pour qu'elles continuent de s'égoutter, puis coupez-les avec des ciseaux de cuisine pour en faciliter la dégustation.

Mettez la salade et les nouilles dans un saladier et mélangez-les bien. Mélangez tous les ingrédients de la sauce. Reprenez le poisson et, avec les mains, retirez la peau. Puis émiettez-le et ajoutez-le sur la salade avec les oignons. Versez la sauce, parsemez de graines de sésame et servez avec des baguettes.

Salade de saumon fumé, de daikon et de concombre, sauce au cresson

Pour 2 personnes

- 100 g de saumon fumé, coupé en petites tranches fines
- 500 g de daikon épluché

Le saumon fumé est un ingrédient exceptionnel, capable de transformer une salade ordinaire en un feu d'artifices de saveurs. Le daikon croquant et la sauce au cresson au goût poivré s'harmonisent remarquablement avec le goût riche et la texture unique du saumon.

À l'aide d'une mandoline, râpez le daikon au-dessus d'un grand saladier rempli d'eau glacée. Coupez les extrémités de la carotte et râpez-la à son tour. Épluchez le concombre, coupez-le dans le sens de la longueur, enlevez les graines et râpez-le. Mélangez les trois crudités et placez le saladier au réfrigérateur durant 30 minutes afin de renforcer leur croquant.

- 1 carotte épluchée
- 1 concombre nain
- 1 poignée de roquette

Pour la sauce au cresson

- 50 g de cresson coupé
- 2 cuill. à soupe de sauce de soja
- 2 cuill. à soupe de vinaigre de riz
- 1 cuill. à café de graines de sésame noir
- 1 cuill. à café de sucre brun
- 2 cuill. à soupe d'huile de tournesol

Pendant ce temps, mettez tous les ingrédients de la sauce dans un mixer et mélangez jusqu'à l'obtention d'un mélange onctueux.

Égouttez soigneusement le mélange de crudités et répartissez-le dans deux assiettes. Ajoutez les feuilles de roquette sur le daikon et placez les petites tranches de saumon par-dessus. Versez l'assaisonnement et servez avec des baguettes.

Sashimi de noix de saint-jacques

Pour 2 personnes

- 4 noix de saint-jacques
- 1 oignon nouveau coupé fin
- Quelques brins de coriandre
- 1 cuill. à café d'un mélange de graines de sésame noires et blanches
- 2 cuill. à café de poudre de wasabi, mélangé à 1 cuill. à soupe d'eau
- 2 cuill. à soupe de sauce de soja

Pour la salade de daikon

- 200 g de daikon brossé
- 1 carotte brossée
- 1 concombre nain

Peu caloriques, les noix de saint-jacques sont riches en protéines et en vitamine B2, qui entrent dans la métabolisation du sucre et des graisses ; c'est donc un aliment exceptionnel ! Pour ma part, j'adore les saint-jacques pour leurs qualités nutritionnelles, mais aussi pour leur goût subtil et leur texture. Elles sont délicieuses pendant les mois d'hiver. Utilisez si possible des noix de saint-jacques de premier choix !

Préparez la salade : râpez le daikon avec une mandoline et placez-le dans un saladier d'eau glacée. Coupez les extrémités de la carotte et râpez-la. Coupez le concombre dans le sens de la longueur, enlevez la partie centrale avec les graines et râpez-le. Mélangez ces trois crudités dans le saladier et placez-le au réfrigérateur 30 minutes, pour accentuer leur croquant.

Nettoyez les noix de saint-jacques en enlevant la laitance, puis rincez-les sous l'eau froide et essuyez-les à l'aide de papier absorbant. Coupez chacune des noix horizontalement en trois.

Égouttez les crudités et répartissez-les dans deux assiettes. Placez les morceaux de noix de saint-jacques sur la salade, en les faisant se chevaucher. Ajoutez l'oignon et la coriandre, puis parsemez de sésame. Faites deux petits monticules de wasabi de chaque côté des assiettes et servez avec de petits récipients de sauce de soja… et des baguettes.

Salade de calmars au vinaigre de soja

Pour 2 personnes

- 200 g de calmars épluchés (sacs d'encre retirés)
- 100 g de batavia rouge (ou toute autre salade de votre choix)
- 1 concombre nain
- ½ oignon rouge coupé fin
- 1 petite poignée de feuilles de menthe fraîche
- 2 cuill. à soupe de vinaigre de riz

Pour l'assaisonnement au vinaigre de soja

- 1 gousse d'ail râpée
- 1 cuill. à café de racine de gingembre fraîche râpée
- ½ ou 1 cuill. à café de piment rouge coupé très fin
- 1 cuill. à soupe de miel liquide
- Quelques gouttes d'huile de sésame
- 2 cuill. à soupe de sauce de soja
- 2 cuill. à soupe de vinaigre de riz

Le calmar est l'un des fruits de mer de prédilection des Japonais, du fait de sa saveur douce et de sa texture unique. D'un point de vue nutritionnel, il contient moins de protéines que le poisson mais s'avère plus facile à digérer ; de plus, il est pauvre en graisses et très peu calorique. Néanmoins, sa caractéristique nutritionnelle principale réside dans son taux de taurine (deux à trois fois supérieur à celui du poisson). Il s'agit d'un acide aminé qui participe à la réduction de la tension artérielle et du cholestérol, tout en exerçant une action positive sur le foie.

Préparez la sauce : mélangez tous les ingrédients pour leur donner le temps d'exhaler toutes leurs saveurs.

Coupez les calmars en deux dans le sens de la longueur et arrachez l'épine dorsale, la *plume*. En prenant soin de ne pas percer la chair, incisez l'intérieur des calmars en formant des croisillons, afin d'empêcher leur rétractation. Coupez-les en carrés de 2,5 cm. Coupez les tentacules en petites bouchées. Portez une casserole d'eau à ébullition à feu moyen et ajoutez le vinaigre de riz. Faites-y pocher les calmars pendant 30 secondes, jusqu'à ce que leur chair s'opacifie, et retirez-les à l'aide d'une écumoire.

Déchirez la salade à la main en petits morceaux (de 5 cm environ). Épluchez le concombre, coupez-le en deux et éliminez les graines. Tranchez-le finement en biseau. Mettez les calmars, les feuilles de batavia, l'oignon et le concombre dans un grand saladier, versez l'assaisonnement et remuez soigneusement. Répartissez la salade ainsi obtenue dans deux assiettes, garnissez de feuilles de menthe et servez avec des baguettes.

Salade de maquereau fumé, de brocolis et de haricots verts

Pour 2 personnes

- 200 g de filet de maquereau fumé
- 100 g de brocolis
- 100 g de chou-fleur
- 1 carotte brossée
- 100 g de haricots verts épluchés
- 2 grosses poignées d'épinards
- 2 oignons nouveaux
- 1 cuill. à café de graines de sésame grillées
- Quelques gouttes d'huile de sésame
- 2 cuill. à soupe d'huile de tournesol

Pour l'assaisonnement au miso et au sésame

- 4 cuill. à soupe de graines de sésame grillées et moulues
- 1 cuill. à soupe de sauce de soja
- 1 cuill. à café de pâte de miso
- ½ cuill. à café d'ail râpé
- 1 cuill. à café de miel liquide
- 1 cuill. à soupe de vinaigre de riz

Cette salade, qui mêle des saveurs et des parfums très variés, se sert chaude en hiver. Le maquereau est souvent, et à tort, sous-estimé. C'est un aliment très sain, qui contient deux acides gras essentiels : l'acide eicosapentaénoïque (EPA) et l'acide docosahexaénoïque (DHA). Le premier purifie le sang, prévient l'artériosclérose et agit sur la rétine ; le second contribue à l'intégrité des fonctions cérébrales et à la réduction du cholestérol. Le maquereau n'est pas une espèce en voie de disparition et il ne coûte pas cher. Donc, si vous l'aimez, n'hésitez pas à en consommer plus souvent !

Passez les doigts sur la partie charnue du filet de maquereau afin de vous assurer qu'il n'y a plus d'arêtes (s'il en reste, ôtez-les avec une pince à arêtes de poisson). Enlevez la peau et, avec les mains, déchirez la chair en petits morceaux. Réservez.

Coupez le brocoli et le chou-fleur en petites bouchées. Coupez la carotte en tranches épaisses. Portez une casserole d'eau à ébullition et faites cuire tous les légumes 2 minutes, à l'exception des épinards. Puis, égouttez-les, versez les huiles dessus et conservez chaud.

À l'aide d'un pilon et d'un mortier, écrasez les ingrédients de l'assaisonnement. Ajoutez les épinards aux autres légumes et mélangez délicatement – c'est la chaleur qui cuira les épinards.

Répartissez les légumes chauds dans deux assiettes, garnissez avec les morceaux de maquereau. Versez l'assaisonnement, parsemez d'oignons et de graines de sésame et servez avec des baguettes.

Salade de crevettes et de poivrons, sauce pimentée

Les crevettes, maigres et peu caloriques, sont très riches en taurine, un dérivé d'acide aminé connu pour ses effets positifs sur le cholestérol et la pression sanguine. Les poivrons possèdent deux fois plus de vitamine C que le citron, une vitamine qui joue un rôle déterminant dans la beauté de la peau ; ils contiennent aussi de la vitamine P, qui facilite l'absorption de la vitamine C. Vous avez donc toutes les – bonnes – raisons d'en manger !

Pour 2 personnes

- 200 g de crevettes (moyennes) cuites
- 75 g de daikon épluché
- 1 carotte brossée
- 1 poivron rouge ou orange
- 1 poivron jaune
- 100 g de pousses d'épinards
- 2 cuill. à café de graines de sésame grillées et grossièrement moulues

Pour la sauce de soja pimentée

- 1 cuill. à café de jus de gingembre râpé
- 2 cuill. à soupe de sauce de soja
- 2 cuill. à café de sauce pimentée
- 1 cuill. à soupe de miel liquide
- Quelques gouttes d'huile de sésame
- 3 cuill. à soupe de vinaigre de riz

Mettez tous les ingrédients de la sauce dans un petit récipient doté d'un couvercle et remuez jusqu'à l'obtention d'un mélange homogène. Réservez pour laisser le temps à toutes les saveurs de s'exhaler.

Coupez le daikon et la carotte en fines lamelles de 5 cm de long et laissez-les tremper dans un saladier rempli d'eau froide pour les rafraîchir. Coupez les poivrons, enlevez les graines et coupez-les finement. Égouttez le daikon et la carotte.

Placez le daikon, la carotte, les poivrons et les crevettes dans un saladier et versez la moitié de la sauce dessus. Mélangez soigneusement afin que tous les ingrédients soient bien imprégnés.

Pour réaliser votre salade, faites d'abord un lit de pousses d'épinards dans les deux assiettes, puis ajoutez le mélange de légumes et de crevettes. Versez le reste de la sauce sur votre préparation, parsemez de graines de sésame et servez avec des baguettes.

Salade de thon, d'avocat et d'épinards

Pour 2 personnes

- 170 g de thon en conserve, égoutté
- 1 avocat épluché, dénoyauté et coupé en dés
- 1 tomate cœur de bœuf coupée grossièrement
- 100 g de pousses d'épinards
- 2 oignons nouveaux coupés fin en biseau
- 1/2 oignon rouge ou blanc coupé fin
- 1 feuille de nori en paillettes
- 1 cuill. à soupe de câpres, rincées, égouttées et coupées fin
- 2 cuill. à soupe d'huile d'olive

Pour la sauce au wasabi

- 2 cuill. à café de poudre de wasabi mélangées à 2 cuill. à soupe d'eau
- 2 cuill. à soupe de sauce de soja
- 1 cuill. à soupe de miel liquide
- 1 cuill. à soupe de vinaigre de riz

Dans un premier temps, j'avais pensé faire cette salade avec des steaks de thon grillés, mais j'ai décidé de les garder pour une autre recette... Une salade qui sert de plat unique pour un déjeuner doit être tout à la fois simple et facile à réaliser. Elle doit aussi vous permettre d'utiliser ce que vous avez au réfrigérateur et dans vos placards ; ce qui ne veut pas dire que ce ne sera pas absolument délicieux !

Mélangez tous les ingrédients composant la sauce au wasabi et ajoutez-les à la préparation à base de thon. Placez les pousses d'épinards dans un autre saladier.

Chauffez l'huile d'olive dans une cuillère en acier inoxydable au-dessus d'un feu moyen, puis versez-la sur les épinards afin de les cuire.

Répartissez les épinards dans deux assiettes. Sur ce lit d'épinards, placez le mélange à base de thon, garnissez d'oignons nouveaux et parsemez de nori en paillettes. Servez avec des baguettes.

Salade de poulet, concombre et nouilles soba, sauce au miso épicé et au sésame

Pour 2 personnes

- 150 g (maximum) de restes de poulet en petits morceaux
- 50 g de haricots verts fins épluchés
- 50 g de salades mélangées
- 1 concombre nain épluché et épépiné
- 1/2 oignon blanc ou rouge
- 200 g de nouilles soba sèches
- 2 à 3 cuill. à soupe de gari coupé fin (condiment à base de gingembre)
- 1 oignon nouveau
- 1 cuill. à café de graines de sésame noir
- 1 cuill. à café d'huile de sésame

Pour la sauce au miso épicé et au sésame

- 4 cuill. à soupe de graines de sésame grillées et finement moulues
- 1 cuill. à soupe de pâte de miso claire
- 2 cuill. à soupe de sauce de soja
- 1 à 2 cuill. à café de sauce pimentée (selon votre goût)
- 1 cuill. à soupe de sucre
- 1 cuill. à soupe de vinaigre de riz

Cette recette est née à la suite d'une question familière à tous : « Que reste-t-il dans le frigo ? » Cela m'arrive souvent, le lundi, alors qu'il me reste du poulet grillé dégusté la veille en famille. Les légumes proposés dans cette recette peuvent aisément être remplacés par ceux qui se trouvent dans votre réfrigérateur. N'hésitez pas à improviser !

Portez une casserole d'eau à ébullition, jetez-y les nouilles et remuez pour éviter qu'elles ne collent. Lorsque l'eau bout à nouveau et s'apprête à déborder, versez un verre d'eau froide. Puis, ajoutez les haricots verts. À l'ébullition suivante, retirez du feu, égouttez et passez sous l'eau froide. Égouttez une nouvelle fois, puis aspergez d'huile de sésame.

Coupez l'oignon en biseau aussi finement que possible et trempez-le dans l'eau froide pour le rafraîchir et éliminer son odeur. Coupez le concombre en morceaux de 5 cm de long avant de les recouper en filaments.

Mélangez tous les ingrédients de la sauce épicée au miso et au sésame.

Égouttez les tranches d'oignons. Mettez les nouilles, les haricots, le concombre, l'oignon, le poulet et le gari dans un grand saladier. Versez la sauce par-dessus et remuez soigneusement pour que tous les éléments en soient bien imprégnés.

Disposez cette préparation dans deux assiettes, ajoutez les feuilles de salade, l'oignon nouveau et les graines de sésame. Votre salade est prête à être servie avec des baguettes.

Salade poulet et légumes, sauce miso & sésame

Pour 2 personnes

- 2 petits filets de poulet
- 200 g de chou nouveau pointu
- 100 g de têtes de brocoli
- 1 carotte et 1 poireau épluchés et coupés en biseau séparément
- 100 g de pois gourmands
- 4 cuill. à soupe de saké

Pour la sauce miso et sésame

- 3 cuill. à soupe de graines de sésame blanc grillées et moulues
- 2 cuill. à soupe de pâte de miso claire
- 1 cuill. à café de jus de gingembre râpé
- 1 cuill. à soupe de sucre
- 3 cuill. à soupe de vinaigre de riz

Voici le type de salade dont je me délecte au début du printemps, lorsque la température est encore très fraîche. En outre – mais je suis sûre que vous le savez déjà ! –, la cuisson à la vapeur du poulet et des légumes est on ne peut plus diététique...

Coupez le chou, le brocoli et le poulet en petites bouchées. Placez la carotte, le poireau et le poulet dans le panier d'un cuit-vapeur. Versez 2 cuillérées à soupe de saké par-dessus et laissez-les cuire à feu vif 8 minutes.

Mettez le chou, les brocolis et les pois gourmands dans un autre panier. Versez le reste du saké sur les légumes et placez ce second panier sous le premier. Faites cuire 2 à 3 minutes.

Mélangez tous les ingrédients de la sauce au miso et au sésame et rectifiez l'épaisseur en ajoutant 1 ou 2 cuillérées à soupe d'eau si nécessaire.

Disposez les légumes et le poulet sur un plat chaud, versez la sauce dessus et servez avec des baguettes.

Salade de poulet à la sauce de tofu crémeuse

Pour 2 personnes

- 2 petits filets de poulet
- 100 g de tofu soyeux
- 100 g d'épinards coupés
- 1 cuill. à soupe de graines de sésame grillées finement moulues
- 2 cuill. à café d'huile de sésame
- Sel et poivre blanc

Cette recette devrait vous permettre d'apprécier le tofu !

Placez le poulet dans une casserole et recouvrez-le d'eau. Portez à ébullition et laissez cuire 5 minutes. Prélevez le poulet, laissez-le refroidir et taillez-le en lanières avec une fourchette.

Portez une autre casserole à ébullition. Placez le tofu coupé en gros morceaux dans une passoire que vous plongez dans l'eau bouillante. Faites cuire 2 à 3 minutes et égouttez. Dans la même eau bouillante, faites cuire 1 minute les épinards, puis rafraîchissez-les dans un bocal rempli d'eau froide et égouttez-les.

Dans un saladier, réduisez le tofu en une pâte lisse avec le dos d'une cuillère. Ajoutez le sésame et l'huile, puis mélangez bien. Salez, poivrez, puis ajoutez le poulet et les épinards. Répartissez dans deux assiettes et servez avec des baguettes.

Carpaccio de bœuf et aubergine, sauce gingembre

Pour 2 personnes

- 100 g de filet de bœuf
- 1 aubergine, 50 g de roquette
- 1 oignon nouveau coupé fin
- 1/2 cuill. à café de graines de sésame grillées

Pour la sauce gingembre

- 2 cuill. à café de jus de gingembre râpé
- 1/2 gousse d'ail râpée
- 2 cuill. à soupe de sauce de soja
- 1 cuill. à soupe d'huile d'olive

Voici une adaptation japonisante du carpaccio de bœuf italien. J'aime aussi faire ce plat avec des côtes d'agneau...

Préchauffez le grill au maximum. Piquez la surface de l'aubergine et faites-la griller 20 minutes pour noircir sa peau et cuire sa chair. Découpez le filet de bœuf en tranches aussi fines que possible. Prenez du film alimentaire transparent (60 cm de long environ), placez une tranche à une extrémité du film, repliez ce dernier sur la viande et, à l'aide d'un rouleau à pâtisserie, aplatissez la viande de la partie centrale vers l'extérieur pour obtenir une tranche aussi fine que possible. Répétez l'opération avec les autres tranches.

Mélangez tous les ingrédients de la sauce. Épluchez l'aubergine, coupez-la grossièrement et répartissez sa chair en deux portions égales. Créez un petit monticule d'aubergine au centre de chaque assiette. Disposez les tranches de bœuf tout autour, garnissez de roquette, versez la sauce, ajoutez l'oignon et le sésame. Servez avec des baguettes.

Bœuf grillé, roquette et pamplemousse, sauce au wasabi

Pour 2 personnes

- 125 g de filet de bœuf non gras
- 1 pamplemousse
- 100 g de roquette
- 1 cuill. à soupe de sésame grillé
- 1/2 cuill. à café d'huile de sésame
- 2 cuill. à soupe de vinaigre de riz

Pour la sauce au wasabi

- 1 cuill. à café de poudre de wasabi mélangée à 1 cuill. à café d'eau
- 1 cuill. à soupe de miel liquide
- 2 cuill. à soupe de vinaigre de riz
- 2 cuill. à soupe de sauce de soja

La cuisson traditionnelle de la viande ou du poisson au Japon s'appelle *tataki* (battre ou frapper), car on frappe la viande avec la paume de la main pour l'aplatir et l'attendrir. Procurez-vous une viande de premier choix.

Sortez le bœuf du réfrigérateur et attendez qu'il soit à température ambiante. Faites chauffer une poêle à fond épais à feu vif. Essuyez la viande avec un papier absorbant, puis imbibez-la d'huile de sésame et faites-la cuire 1 à 2 minutes de chaque côté, selon son épaisseur et l'appoint de cuisson souhaité. Placez-la ensuite sur une planche à découper, versez dessus le vinaigre de riz et réservez.

Épluchez le pamplemousse, coupez-le en quartiers et enlevez la membrane recouvrant la pulpe. Répartissez la roquette dans deux assiettes et garnissez tout autour avec le pamplemousse. Mélangez les ingrédients de la sauce. À l'aide d'un couteau aiguisé, coupez la viande en tranches fines. Séparez les tranches et donnez-leur un petit coup, léger mais ferme, avec la paume de la main. Déposez la viande sur la salade, versez la sauce, parsemez de sésame et servez avec des baguettes.

Canard croustillant à l'orange et au cresson

Pour 2 personnes

- 1 magret de canard
- 100 g de cresson
- 1 orange normale ou sanguine
- 1/2 cuill. à café de sel

Pour la sauce

- 2 cuill. à soupe de jus d'orange
- 1 cuill. à soupe de sauce de soja
- 2 cuill. à soupe de poudre de wasabi
- 2 cuill. à soupe de vinaigre de riz

Pour obtenir une peau de canard croustillante, vous devez vous assurer qu'elle est sèche avant la cuisson. Pour cela, il faut sortir le magret de son emballage à l'avance. Le canard est souvent considéré comme une viande grasse mais, dans cette recette, la plus grande partie de la graisse est absorbée par la peau. De plus, je n'utilise qu'un seul magret de canard pour deux portions. Donnez donc une chance au canard et appréciez cette délicieuse salade sans l'ombre d'un remord !

À l'aide d'une fourchette, piquez le magret de canard, frottez la peau avec du sel et réservez pour que l'humidité soit totalement évaporée. Râpez l'écorce d'orange pour obtenir du zeste, puis séparez les quartiers et retirez les membranes.

Faites chauffer une poêle à fond épais à feu moyen, placez le magret de canard, côté peau dans le fond de la poêle, et faites cuire 5 minutes pour lui faire rendre sa graisse. Enlevez le magret, éliminez la graisse de la poêle et refaites-la chauffer à feu vif. Remettez le canard dans la poêle, cette fois-ci avec la chair contre le fond de la poêle, 2 minutes pour la saisir et retournez-la, côté peau, entre 3 et 5 minutes, ou jusqu'à ce que la peau soit croustillante et dorée. Réservez le canard sur une assiette recouverte de papier absorbant, le côté chair sur le papier.

Mélangez tous les ingrédients de la sauce avec le zeste d'orange. Répartissez le cresson et les quartiers de l'orange dans deux assiettes. Coupez le canard en tranches fines et disposez-les sur la salade. Versez la sauce par-dessus et servez avec des baguettes.

Le repas japonais par excellence se compose de riz et d'un bol de soupe accompagné de quelques tranches de légumes marinés. Dans la cuisine japonaise, les soupes sont le principal accompagnement du riz. De fait, dans un repas qui comporte plusieurs plats, un bouillon clair et une soupe miso sont servis respectivement au début et à la fin. Composées d'une grande diversité d'ingrédients, les soupes miso constituent des repas à plat unique idéaux, rapides et faciles à réaliser. Malgré l'occidentalisation croissante de l'alimentation de l'archipel, des millions de Japonais commencent et achèvent leur journée avec un bol de soupe miso.

Le miso se compose de haricots de soja fermentés, auxquels s'ajoutent du riz, du blé et de l'orge. La couleur du miso peut varier du blanc cassé au marron foncé – plus il est clair, moins la soupe est salée. Mais il s'agit là d'une généralisation simpliste et qui ne peut vous donner absolument aucune idée de la richesse et de la complexité des saveurs et des arômes du miso. C'est un aliment remarquable car il possède des protéines de grande qualité contenues dans les graines de soja, caractérisées par des acides aminés aisément assimilables. Le miso favorise la réduction du cholestérol et de la pression artérielle, et son action de protection contre le cancer et de retardement du vieillissement est reconnue ; c'est aussi un excellent antioxydant.

Une dernière chose : n'oubliez pas que, au Japon, les soupes aussi se dégustent avec des baguettes. Mangez la viande et les légumes – en fait, tout ce qui est consistant ! – contenus dans la soupe avec vos baguettes, puis posez-les et buvez votre soupe.

Soupes

Le dashi

Un bon bol de soupe, c'est d'abord un dashi délicieux – le bouillon des Japonais. Il se distingue du bouillon occidental par sa facilité et sa rapidité d'exécution. Sa qualité est très importante puisque, dans les soupes miso, c'est généralement le principal, ou le seul, ingrédient à donner du goût. Je vous propose, pour commencer, de découvrir quatre façons de préparer le dashi.

Dashi raffiné

- 2 morceaux de kombu (10 x 15 cm), nettoyés et incisés
- 600 ml d'eau
- 25 g de copeaux de bonite séchée (poisson proche du thon)

Ce dashi est parfaitement adapté aux soupes claires et aux soupes miso préparées avec des légumes aux saveurs délicates.

Placez le kombu dans une casserole remplie d'eau et laissez-le infuser 20 minutes. Puis, faites chauffer la casserole à feu moyen, sans atteindre l'ébullition. Enlevez le kombu lorsqu'il commence à flotter à la surface et portez à ébullition. Ajoutez alors les copeaux de bonite séchée (sans remuer). Éteignez le feu et laissez les copeaux tomber au fond de la casserole. Filtrez à l'aide d'une passoire fine. Réservez les copeaux de bonite et le kombu pour préparer le dashi rustique (*cf.* ci-dessous).

Dashi rustique

- Le kombu et les copeaux de bonite réservés du dashi raffiné (*cf.* ci-dessus)
- 5 g de copeaux de bonite séchée
- 600 ml d'eau

Alors que le dashi raffiné est adapté aux soupes claires du fait de son arôme et de sa saveur délicate, le dashi rustique, au goût plus prononcé, est une excellente base pour les soupes de miso aux fruits de mer ou aux racines.

Placez le kombu, les copeaux réservés et les copeaux supplémentaires de bonite séchée dans une casserole remplie d'eau, et chauffez à feu moyen. Retirez le kombu lorsque l'eau commence à bouillir et poursuivez l'ébullition jusqu'à ce que 10 % de l'eau soit évaporée. Filtrez à l'aide d'une passoire fine.

Dashi végétarien

- 2 morceaux de kombu (10 x 15 cm), nettoyés et incisés
- 3 champignons shiitake séchés
- 1 litre d'eau bouillie et refroidie

Cette version végétarienne du dashi, au goût subtil, convient très bien aux soupes de légumes.

Mettez tous les ingrédients dans une casserole remplie d'eau bouillie et refroidie et laissez infuser à température ambiante, 3 à 4 heures durant les mois les plus froids et 2 à 3 heures le reste de l'année. Ce dashi se conserve une semaine au réfrigérateur.

Dashi aux anchois

- 30 g d'anchois séchés (coupés en deux, têtes et entrailles enlevées)
- 2 morceaux de kombu (10 x 15 cm), nettoyés et incisés
- 600 ml d'eau

Ce dashi de poisson, préparé avec de petits anchois séchés, possède une saveur beaucoup plus marquée que les deux premiers à base de flocons de bonite séchée. Il constitue une base idéale pour des soupes miso riches et épaisses.

Placez les anchois et le kombu dans une casserole remplie d'eau et laissez infuser 20 minutes. Puis faites chauffer à feu moyen mais sans porter à ébullition et en éliminant l'écume qui pourrait se former à la surface. Laissez cuire 5 à 6 minutes. Éteignez le feu et filtrez avec une passoire fine.

Dashi à l'eau

- 2 morceaux de kombu (10 x 15 cm), nettoyés et incisés
- 30 g d'anchois séchés (têtes et entrailles retirées)
- 2 champignons shiitake séchés
- 1 litre d'eau bouillie et refroidie

Voici la méthode la plus facile pour préparer un bon dashi basique qui ne nécessite aucune cuisson.

Mettez tous les ingrédients dans un récipient couvert et placez-le au réfrigérateur pour la nuit. Il se conservera une semaine.

Dashi no moto (instantané)

Le dashi instantané existe sous trois formes : poudre, granulés et concentré. Il s'agit de l'équivalent japonais du bouillon cube, un ingrédient à avoir toujours sous la main.

Miso

Astuces pour réussir une soupe miso

L'appréciation de la saveur unique, riche et complexe du miso repose sur le respect de trois règles essentielles : ne le laissez jamais bouillir longtemps ; ajoutez-le alors que tous les autres ingrédients sont déjà cuits ; attendez l'ébullition suivante puis, une fois celle-ci atteinte, éteignez le feu immédiatement. Quant à la quantité de miso à utiliser, comptez entre 1 cuillérée à soupe rase et 1 cuillérée à soupe pleine par personne.

Vous pouvez enrichir la saveur d'une soupe miso en mélangeant deux à trois variétés de pâte de miso. Utilisez les pâtes de couleurs claires, les moins salées, pour accentuer la douceur de la soupe durant les mois d'hiver, mais servez-vous des pâtes sombres pour ajouter une pointe rafraîchissante pendant les mois les plus chauds. Enfin, n'introduisez jamais directement la pâte de miso dans la soupe en espérant qu'elle se dissoudra d'elle-même ! Vous devez toujours la faire dissoudre à part avant de la verser dans votre soupe.

Soupe miso froide aux légumes et à l'edamame

Pour 2 personnes

- 1 aubergine moyenne
- 6 petites tomates grappes
- 1 concombre nain coupé fin
- 1 échalote, épluchée et coupée fin
- 1 petite poignée de persil plat
- 2 cuill. à soupe d'edamame congelés (haricots de soja)
- 300 ml de dashi (*cf.* p. 106 : raffiné, à l'eau ou végétarien)
- 2 cuill. à soupe de pâte de miso claire
- 1 cuill. à soupe d'huile pour badigeonner

Pour tous ceux et celles qui pensent que la soupe miso se consomme forcément chaude, en voici une froide, idéale à savourer en été ! Elle se sert dans une soupière en verre préalablement refroidie.

Parmi les ingrédients de cette soupe, arrêtons-nous sur les aubergines. Peu caloriques et contribuant à la réduction du cholestérol, elles contiennent notamment des polyphénols, qui aident à réduire la tension artérielle et possèdent des propriétés anti-âge et anticancéreuses. On en trouve à longueur d'année, mais c'est en été et au début de l'automne qu'elles sont particulièrement savoureuses.

Préchauffez une plaque en fonte à feu vif. Équeutez l'aubergine, coupez-la en deux puis en diagonale pour former des morceaux épais. Badigeonnez d'huile l'aubergine et les tomates, et placez-les sur la plaque en fonte pour noircir les peaux. Dans le même temps, faites cuire les edamame congelés dans une petite casserole d'eau qui devra bouillir 2 minutes. Égouttez et réservez.

Placez l'aubergine et le dashi dans une casserole. Faites chauffer à feu moyen pendant 5 minutes, en évitant d'arriver jusqu'à l'ébullition. Ajoutez les tomates, les edamame et le concombre et faites cuire 2 minutes.

Mettez la pâte de miso dans un bol et versez dessus une louche de soupe pour la dissoudre. Versez ensuite le mélange dans la casserole de soupe et portez à ébullition (1 seconde) avant d'éteindre le feu. Laissez refroidir à température ambiante, puis placez au réfrigérateur 1 heure.

Pendant ce temps, faites trempez les lamelles d'échalote dans un bol d'eau froide pour leur faire perdre tout parfum, puis égouttez-les. Remuez soigneusement la soupe et versez-la dans deux bols préalablement réfrigérés. Garnissez avec l'échalote et le persil plat. Servez avec des baguettes.

Gaspacho

Pour 2 personnes

- 1 concombre nain épluché, épépiné et coupé grossièrement
- 2 grosses tomates bien mûres coupées grossièrement
- 6 petites tomates grappes coupées en deux
- 1 branche de céleri
- 1/4 ou 1/2 piment rouge équeuté et épépiné
- 1 gousse d'ail
- 1/2 oignon rouge coupé grossièrement
- Quelques brins de coriandre
- Le jus de 1 citron vert
- 2 cuill. à café de racine de gingembre fraîche
- 1 cuill. à soupe de pâte de miso rouge
- 100 ml de jus de tomate
- 2 cuill. à soupe de sauce de soja
- 3 cuill. à soupe d'huile d'olive vierge extra
- 2 cuill. à soupe de vinaigre de riz
- Sel et poivre fraîchement moulu

J'ai découvert le gaspacho il y a maintenant une trentaine d'années. J'ai tout de suite adoré cette soupe que je n'ai cessé de faire depuis lors. Voici ma dernière recette en date d'un gaspacho à la japonaise. La pâte de miso donne une saveur plus prononcée à la soupe, sans pour autant dominer tous les autres arômes...

Mettez le concombre, les grosses tomates, l'oignon, le piment, le gingembre et l'ail dans un robot ou un mixer pour obtenir une purée. Ajoutez la sauce tomate, le jus de citron vert, le vinaigre de riz, la sauce de soja, 2 cuillerées à soupe d'huile et la pâte de miso. Mixez à nouveau afin d'obtenir un mélange onctueux et homogène. Assaisonnez à votre goût.

Transvasez la soupe dans une grande soupière, recouvrez-la d'un film alimentaire transparent et placez-la au réfrigérateur au moins 4 heures – une nuit si possible –, pour permettre à toutes les saveurs de se développer pleinement.

Versez la soupe dans deux bols préalablement réfrigérés, ajoutez les petites tomates et le céleri coupé en dés. Aspergez d'huile d'olive, garnissez de coriandre et servez.

Soupe miso à l'aubergine grillée, au poivron et au gingembre

Pour 2 personnes

- 1 aubergine moyenne
- $^1/_2$ poivron rouge
- $^1/_2$ poivron jaune
- $^1/_2$ poivron vert
- 15 g de racine de gingembre fraîche, épluchée et râpée
- 300 ml de dashi (*cf.* p. 106 : raffiné, à l'eau ou végétarien)
- 1 cuill. à soupe de pâte de miso claire
- 1 cuill. à soupe de pâte de miso rouge ou foncée
- $^1/_2$ cuill. à soupe de moutarde
- $^1/_2$ cuill. à soupe d'huile

Depuis fort longtemps, le gingembre est utilisé dans la médecine traditionnelle chinoise, et c'est aussi un ingrédient de prédilection des cuisines asiatiques. Ce stérilisant naturel joue un rôle sur le métabolisme, facilite la digestion et favorise la sudation. En outre, des études récentes ont montré que le gingembre joue un rôle dans la réduction du cholestérol et de la pression artérielle.

Préchauffez le grill. Piquez la surface de l'aubergine. Recouvrez la plaque du four de papier d'aluminium et placez dessus l'aubergine que vous ferez griller 20 minutes. Retournez-la au bout de 10 minutes pour noircir l'autre côté.

Coupez les poivrons en morceaux de la taille d'une bouchée et badigeonnez-les d'huile. Ajoutez-les à l'aubergine et laissez griller entre 10 et 15 minutes, ou jusqu'à ce que l'aubergine soit uniformément grillée et que les poivrons soient cuits.

Pendant ce temps, mélangez le gingembre râpé avec la moutarde et réservez pour que les saveurs s'exhalent. Placez l'aubergine sur une assiette et, à l'aide d'une baguette de bambou, enlevez la peau puis coupez-la en morceaux de la taille d'une bouchée. Répartissez les légumes entre les deux bols.

Versez le dashi dans une casserole et portez à ébullition à feu moyen. Mettez les deux pâtes de miso dans un petit bol et versez dessus une louche de dashi qui leur permettra de se dissoudre. Versez le mélange obtenu dans la casserole. Augmentez le feu et portez la soupe à ébullition (1 seconde). Versez-la alors dans les deux bols et ajoutez une pointe de moutarde au gingembre. Servez avec des baguettes.

Soupe miso aux champignons japonais

Pour 2 personnes

- 200 g de champignons japonais shiitake, shimeji, enoki ou maïtake (choisir au moins deux variétés différentes)
- 2 oignons nouveaux coupés fin en biseau
- 2 cuill. à soupe de wakame séché, attendri dans l'eau et égoutté
- 300 ml de dashi (*cf.* p. 106 : raffiné, à l'eau ou végétarien)
- 1 cuill. à soupe de pâte de miso claire
- 1 cuill. à soupe de pâte de miso intermédiaire

Si le climat doux et humide de l'archipel qu'est le Japon offre des conditions idéales pour les champignons, il se trouve, en plus, que les Japonais les adorent !
Tous les champignons sont riches en vitamine D, qui favorise l'absorption du calcium dans le corps, ainsi qu'en vitamine B2, appelée aussi vitamine de beauté, car elle métabolise les graisses et les sucres tout en participant à la réduction du cholestérol. Les champignons sont riches en fibres solubles, mais très pauvres en calories. Il ne tient qu'à vous qu'ils fassent partie intégrante de votre alimentation !

Placez les champignons dans une casserole, versez-y le dashi et portez à ébullition à feu moyen.

Mettez les pâtes de miso dans un petit bol, versez dessus une louche de dashi pour qu'elles se dissolvent. Versez alors le contenu du bol dans la casserole. Ajoutez le wakame, montez le feu et portez à ébullition (1 seconde). Remplissez deux bols de soupe, garnissez de lamelles d'oignons nouveaux et servez sans attendre avec des baguettes.

Astuces

Selon le type de champignon choisi, voici quelques astuces pour les préparer. Pour les shiitake, enlevez les pieds et tranchez les chapeaux. Lorsque vous préparez des shimeji et des enoki, coupez les bases et séparez les champignons à la main. Avec les maïtake, il s'agit de couper les bases et de déchirer la fragile dentelle formée de regroupements de chapeaux, comparables à des fruits en grappes.

Soupe crémeuse de miso au potiron rôti

Pour 2 personnes

- 400 g de potiron (à peau verte de préférence)
- 1 cuill. à café de racine de gingembre fraîche râpée
- 300 ml de dashi (*cf.* p. 106 : raffiné, à l'eau ou végétarien)
- 2 cuill. à soupe de pâte de miso blanche ou claire
- 1 cuill. à café de graines de sésame
- 1 cuill. à soupe d'huile végétale pour badigeonner
- ½ cuill. à café de sel

Le potiron est un légume aux grandes qualités. Il est riche en bêta-carotène, qui se transforme en vitamine A après la digestion – une vitamine qui renforce les muqueuses et protège ainsi le corps des maladies infectieuses. On l'ignore souvent, mais le potiron contient deux fois plus de vitamine C que la tomate et une quantité exceptionnelle de vitamine E – une vitamine aux pouvoirs antioxydants remarquables qui contribue à ralentir le processus de vieillissement. La cuisson au four fait ressortir la douce saveur du potiron. Exceptionnellement, vous aurez le droit d'utiliser une cuillère pour déguster cette recette ! Mais n'oubliez jamais qu'il est essentiel de prendre le temps de manger et d'apprécier cette soupe qui contribuera à votre forme !

Préchauffez le four à 200 °C (th. 6/7). Coupez le potiron en quatre. Enlevez les graines, puis badigeonnez d'huile, saupoudrez de sel et placez les morceaux sur une plaque de four avec la peau contre la plaque. Laissez cuire 45 minutes, ou jusqu'à ce que la chair du potiron soit très tendre.

Récupérez la chair du potiron avec une cuillère, mettez-la dans une casserole et écrasez-la pour en faire une purée. Ajoutez le gingembre, le dashi et remuez pour obtenir un mélange homogène. Faites cuire à feu vif jusqu'à l'ébullition.

Mettez la pâte de miso dans un petit bol, versez dessus une louche de soupe pour faciliter sa dissolution. Une fois le miso dissous, versez le mélange dans la soupe et faites chauffer à nouveau jusqu'à ce que la soupe bouille (1 seconde). La cuisson est alors terminée. Versez la soupe dans deux bols, parsemez de graines de sésame grillées et servez sans plus attendre.

Soupe miso aux épinards et à la bardane avec des maïtake

Pour 2 personnes

- 100 g d'épinards, nettoyés et égouttés
- 50 g de champignons maïtake
- 100 g de bardane brossée
- 300 ml de dashi (*cf.* p. 106 : raffiné, rustique, à l'eau ou végétarien)
- 1 cuill. à soupe de pâte de miso claire
- 1 cuill. à soupe de pâte de miso rouge intermédiaire
- 1 cuill. à café de graines de sésame

Les Japonais sont le seul peuple de la planète à manger de la bardane, une racine longue et fine. La bardane se compose essentiellement d'inuline, un glucide proche de l'amidon qui crée une sensation de satiété. Cette racine possède une texture croquante et une saveur unique. Des recherches récentes ont montré que la bardane contient, juste sous la peau, de la lignine agissant contre le cancer, le cholestérol, l'artériosclérose et le diabète. C'est la raison pour laquelle je vous conseille de brosser la peau de la bardane plutôt que de l'éplucher, afin de préserver ce remarquable potentiel. La bardane est aussi l'alliée de toutes les personnes cherchant à perdre du poids. On trouve des sachets de bardane tranchée et congelée dans toutes les épiceries japonaises.

Trempez la bardane dans l'eau entre 10 et 15 minutes, puis égouttez-la. Coupez la base des champignons maïtake et désolidarisez les grappes de chapeaux. Coupez les feuilles d'épinards en deux ou trois. Placez la bardane dans une casserole avec le dashi et portez à ébullition, à feu moyen. Réglez le feu pour que la soupe frémisse 5 minutes. Ajoutez les maïtake et les épinards, et laissez cuire 3 minutes.

Mettez les pâtes de miso dans un bol et versez une louche de soupe par-dessus pour qu'elles se dissolvent. Versez le mélange obtenu dans la casserole, remontez le feu et portez à ébullition (1 seconde). Servez la soupe dans deux bols préchauffés, parsemez de graines de sésame grillées et servez avec des baguettes.

Chaudrée de maïs à la japonaise

Le doux miso blanc donne une saveur exotique au maïs écrasé – un savoureux mariage entre l'Orient et l'Occident. Je vous suggère de servir cette soupe froide durant une journée chaude d'un été indien ou brûlante lors d'un jour d'automne gris et glacé, pour le réconfort de l'esprit et du corps !

Pour 2 personnes

- 200 g de tofu soyeux
- 1 épi de maïs
- Quelques brins de coriandre fraîche coupés grossièrement
- 1 cuill. à café de racine de gingembre fraîche râpée
- 300 ml de dashi (*cf.* p. 106 : raffiné, rustique, à l'eau ou végétarien)
- 2 cuill. à soupe de pâte de mirin
- 2 cuill. à soupe de pâte de miso blanche
- 1/2 cuill. à soupe d'huile de sésame
- 1 pincée de sel

Enveloppez le tofu dans du papier absorbant et laissez-le égoutter sur une planche à découper légèrement inclinée, de 20 à 30 minutes. Si le temps presse un peu, placez sur le tofu une assiette avec un objet pesant afin d'accélérer l'égouttage. Si le temps presse beaucoup, passez le tofu au four à micro-ondes (chaleur moyenne) 1 à 2 minutes.

Faites cuire le maïs recouvert d'eau bouillante salée 10 à 12 minutes, puis détachez les grains de l'épi et mettez-les dans un mixer afin d'obtenir un mélange relativement homogène. Ajoutez le tofu et le gingembre, et mixez jusqu'à l'obtention d'un mélange homogène et onctueux.

Versez ce mélange dans une casserole avec le dashi et le mirin, et chauffez à feu vif jusqu'à l'ébullition. Réduisez alors le feu et laissez mijoter 5 minutes.

Mettez la pâte de miso dans un petit bol, versez une louche de soupe dessus pour la dissoudre. Versez le mélange obtenu dans la casserole et remontez le feu jusqu'à la nouvelle ébullition (1 seconde). Salez selon votre goût. Servez la soupe dans deux bols, ajoutez quelques gouttes d'huile de sésame, garnissez de coriandre et servez avec des baguettes.

Soupe miso aux tofu, wakame, brocoli, carotte et poireau

Pour 2 personnes

- 1 petite carotte épluchée et coupée en biseau
- 1 poireau épluché et coupé en biseau
- 100 g de têtes de brocolis coupées en biseau
- 100 g de tofu
- 2 cuill. à soupe de wakame séché
- 300 ml de dashi (*cf.* p. 106 : rustique, à l'eau ou végétarien)
- 1 cuill. à soupe pleine de pâte de miso claire
- 1 cuill. à soupe pleine de pâte de miso de couleur intermédiaire
- 1 cuill. à café de graines de sésame grillée moulues grossièrement

Voici une variation d'une recette classique de soupe miso au tofu et au wakame. Une soupe miso se compose généralement de deux ou trois ingrédients, mais j'ai choisi d'en ajouter plusieurs qui font leur apparition à la fin de l'hiver ou au début du printemps et vont vous permettre de créer une soupe nourrissante qui constituera un repas complet.

Enveloppez le tofu dans du papier absorbant et laissez-le égoutter sur une planche à découper légèrement inclinée 20 à 30 minutes. Si le temps presse un peu, placez une assiette surmontée d'un poids léger sur le tofu pour accélérer l'égouttage. Si le temps presse beaucoup, passez-le au four à micro-ondes (chaleur moyenne) 1 minute.

Pendant ce temps, faites ramollir le wakame en le plongeant dans un bol d'eau froide 10 minutes, puis égouttez. Versez le dashi dans une casserole, ajoutez le poireau et la carotte. Chauffez à feu moyen en prenant soin de ne pas atteindre une forte ébullition. Laissez mijoter 5 minutes.

Coupez le tofu en dés et ajoutez-le, ainsi que le brocoli, dans la casserole avec le wakame. Laissez cuire 3 minutes. Mettez les pâtes de miso dans un petit bol, versez une petite quantité de soupe dessus afin de les ramollir. Versez le mélange obtenu dans la casserole et remontez le feu jusqu'à l'ébullition (1 seconde). La soupe est prête. Servez-la dans deux bols garnis de graines de sésame avec des baguettes.

Soupe miso à l'oignon caramélisé et au tofu

Pour 2 personnes

- 100 g de tofu
- 4 oignons rouges coupés fin
- 300 ml de dashi (*cf.* p. 106 : rustique, à l'eau ou végétarien)
- 1 cuill. à soupe de sauce de soja
- 1 cuill. à soupe de pâte de miso claire
- 1 cuill. à soupe de pâte de miso rouge ou de couleur intermédiaire
- 1 cuill. à café de sucre
- 1 cuill. à soupe d'huile
- 4 cuill. à soupe de vinaigre de riz noir ou de vinaigre de vin rouge

Voici la version japonaise de la fameuse soupe à l'oignon française. Le secret pour créer une douceur très goûteuse consiste à faire revenir les oignons en se montrant d'une patience remarquable !

Enveloppez le tofu dans du papier absorbant et laissez-le égoutter sur une planche à découper légèrement inclinée 20 minutes. Une fois l'opération terminée, coupez-le en dés et réservez.

Versez l'huile dans une casserole et faites revenir les oignons 15 minutes à feu doux, en remuant constamment pour les empêcher de brûler. Ajoutez le vinaigre, le sucre et la sauce de soja, et poursuivez la cuisson jusqu'à ce que le liquide soit presque totalement évaporé. Versez alors le dashi et montez le feu pour porter à ébullition.

Placez les pâtes de miso dans un petit bol et versez un peu de soupe dessus pour faciliter leur dissolution. Reversez le mélange obtenu dans la soupe et attendez l'ébullition suivante (1 seconde). La soupe est prête. Il ne vous reste plus qu'à la servir dans deux bols garnis de tofu et accompagnés de baguettes.

Soupe miso au poireau et au navet avec du poulet

Pour 2 personnes

- 2 filets de haut de cuisse de poulet avec la peau
- 300 ml de dashi (*cf.* p. 106 : rustique ou à l'eau)
- 1 poireau moyen, épluché et tranché
- 1 navet, épluché et coupé en morceaux de la taille d'une bouchée
- 1 carotte moyenne, épluchée et coupée en tranches épaisses
- 2 cuill. à soupe de pâte de miso blanche ou claire

Vous allez adorer cette délicieuse alliance du poireau et du navet, deux remarquables légumes qui vous réchaufferont pendant les longs mois d'hiver. La peau de poulet croquante donne une texture goûteuse et contrastée à la soupe, sans pour autant ajouter beaucoup de calories dans votre assiette !

Enlevez la peau de poulet et réservez-la. Coupez la chair en morceaux de la taille d'une bouchée. Blanchissez la peau dans l'eau bouillante, essuyez-la soigneusement, puis tranchez-la en fines lamelles et réservez. Mettez le poulet et le dashi dans une casserole et portez à ébullition à feu moyen. Réduisez le feu pour que la soupe mijote 5 minutes.

Pendant ce temps, faites revenir les lamelles de peau de poulet dans une petite poêle sans ajouter d'huile et attendez qu'elles deviennent croquantes. Placez-les ensuite sur du papier qui absorbera la graisse superflue. Ajoutez les légumes au dashi de poulet et laissez mijoter 5 minutes supplémentaires, ou jusqu'à ce que les légumes soient cuits.

Placez la pâte de miso dans un petit bol, versez-y un peu de soupe pour faciliter sa dissolution. Reversez le mélange obtenu dans la casserole, montez le feu et portez à ébullition (1 seconde). La soupe est prête. Versez-la dans deux bols préalablement chauffés, garnissez avec la peau de poulet et servez sans plus attendre avec des baguettes.

Soupe miso, porc et konnyaku

Pour 2 personnes

- 50 g de poitrine de porc, tranchée fin
- 1 carotte épluchée et coupée grossièrement
- 1 navet moyen, épluché et coupé grossièrement
- 6 pois gourmands, coupés en deux en biseau
- 15 g de racine de gingembre fraîche, épluchée et coupée grossièrement
- 300 ml de dashi (*cf.* p. 106 : rustique, à l'eau ou végétarien)
- 1 bloc de konnyaku
- 1 cuill. à soupe de sauce de soja
- 1 cuill. à soupe de pâte de miso rouge ou de couleur intermédiaire
- 1 cuill. à soupe de pâte de miso claire
- 1 cuill. à soupe de gari coupé grossièrement (condiment à base de gingembre)
- 1 cuill. à café de graines de sésame grillées
- 1 cuill. à soupe d'huile de sésame

Konnyaku signifie la « langue du diable » ou le « pied de l'éléphant » en japonais. Malgré ces sens, peu attirants de prime abord, le konnyaku est un allié de rêve : vendu sous forme de bloc de substance gélatineuse et fabriqué à partir de la racine de la plante éponyme, le konnyaku est totalement dépourvu de graisses et de calories ; il possède la capacité de nettoyer le système digestif de ses toxines. L'association du konnyaku, au goût très peu marqué, à la viande constitue un excellent moyen de lutter contre l'hypercholestérolémie.

Prenez le bloc de konnyaku et fractionnez-le en morceaux de la taille d'une bouchée. Versez l'huile de sésame dans une casserole à feu moyen et faites revenir le porc 3 minutes. Ajoutez le gingembre, la carotte, le navet et le konnyaku. Laissez cuire 3 minutes supplémentaires.

Versez le dashi, puis ajoutez les pois gourmands et attendez l'ébullition, en éliminant toute écume qui pourrait se former à la surface. Réduisez le feu pour que la soupe mijote. Versez la sauce de soja.

Placez les pâtes de miso dans un petit bol avec un peu de soupe pour les dissoudre. Versez le mélange obtenu dans la casserole et portez à ébullition (1 seconde). La soupe est prête. Il ne reste plus qu'à la verser dans deux bols, à la garnir de gari et de graines de sésame et à la servir immédiatement avec des baguettes.

Soupe miso aux légumes avec du saumon

Pour 2 personnes

- 100 g de saumon en filet
- 100 g de pommes de terre nouvelles, brossées et coupées grossièrement
- 60 g de pois frais
- 6 pointes d'asperges, coupées en biseau
- 1 petite poignée de pousses de pois (facultatif)
- 300 ml de dashi (*cf.* p. 106 : rustique ou à l'eau)
- 1 cuill. à soupe de pâte de miso claire
- 1 cuill. à soupe de pâte de miso de couleur intermédiaire
- Quelques gouttes d'huile pour badigeonner
- 1 pincée de sel et du poivre noir fraîchement moulu

Les asperges, les pommes de terre nouvelles et les pois marquent le début de l'été. J'essaie d'en profiter au maximum durant leur trop courte saison. Cette recette propose une façon inhabituelle, mais délicieuse, d'apprécier ces petites merveilles.

Préchauffez le grill à haute température. Badigeonnez le saumon d'huile, avant de le saler et de le poivrer. Placez le saumon sur la plaque à griller avec la peau dessous et laissez 5 minutes ou jusqu'à ce que la chair du poisson ait bruni. Sortez le saumon et laissez-le refroidir suffisamment pour pouvoir le manipuler. Enlevez alors la peau et défaites le saumon en morceaux.

Dans une casserole, versez le dashi, mettez les pommes de terre et faites cuire à feu moyen 10 minutes, en ajustant l'intensité de sorte que le dashi ne bouille pas. Ajoutez les pois, les asperges et le saumon et laissez cuire 3 minutes supplémentaires.

Placez les pâtes de miso dans un petit bol, versez dessus un peu de soupe pour les dissoudre. Reversez le mélange obtenu dans la casserole, remontez le feu et portez à ébullition (1 seconde). La soupe est prête : servez-la dans deux bols, garnis de pousses de pois (facultatif) et servez sans attendre avec des baguettes.

Chaudrée de palourdes à la japonaise

Pour 2 personnes

- 200 g de palourdes en conserve égouttées
- 100 g de pommes de terre nouvelles, brossées et coupées en gros dés
- 1 branche de céleri coupée fin
- 1 petit oignon rouge coupé fin
- 1 oignon nouveau coupé fin en biseau
- 4 poches de tofu frit
- 300 ml de dashi (*cf.* p. 106 : rustique, à l'eau ou aux anchois)
- 2 cuill. à soupe de pâte de miso claire
- $^1/_2$ cuill. à café d'agar-agar diluée dans 2 cuill. à café d'eau
- 1 cuill. à café de graines de sésame grillées
- 100 ml de lait de soja
- 1 cuill. à soupe d'huile

Voici une recette classique de chaudrée aux palourdes, interprétée à la japonaise !

Passez les poches de tofu frit au four à micro-ondes (chaleur moyenne) 30 secondes pour enlever l'huile superflue et coupez-les en petits morceaux. Puis mettez-les dans une poêle antiadhésive chauffée à sec à feu moyen, pendant 3 à 5 minutes ou jusqu'à ce que le tofu devienne croquant, en remuant régulièrement. Réservez ensuite sur du papier absorbant.

Versez l'huile dans une grande poêle chauffée à feu moyen et faites suinter l'oignon rouge 3 minutes. Ajoutez le céleri, les pommes de terre et faites revenir 3 minutes. Mettez les palourdes, poursuivez la cuisson 2 à 3 minutes, puis versez la moitié du dashi.

Transférez le mélange dans un mixer – procédez par petites quantités si nécessaire. Reversez alors la soupe et ajoutez le reste de dashi et le lait de soja. Placez la casserole à feu moyen pour chauffer le mélange sans atteindre l'ébullition. Laissez mijoter ainsi 5 minutes.

Ajoutez l'agar-agar pour épaissir la soupe. Mettez la pâte de miso dans un petit bol avec un peu de soupe pour la dissoudre. Reversez le mélange dans la soupe, montez le feu et portez à ébullition. Versez la soupe dans deux bols garnis de tofu frit, d'oignon nouveau et de graines de sésame. Servez avec des baguettes.

Soupe miso avec crevettes, tomates et gombos

Pour 2 personnes

- 6 crevettes roses moyennes non épluchées
- 2 grosses tomates grappes bien mûres
- 6 gombos équeutés, blanchis et coupés en tranches épaisses (5 mm)
- 300 ml de dashi (*cf.* p. 106 : rustique ou à l'eau)
- 1 cuill. à soupe de pâte de miso foncée
- 1 cuill. à soupe de pâte de miso rouge

Cette soupe visuellement impressionnante est dotée de grandes qualités. En effet, elle est excellente pour votre peau grâce à la taurine (acide aminé) contenue dans les crevettes qui vous donnera, à vous aussi, une apparence superbe !

Enlevez les têtes des crevettes et épluchez-les. Pratiquez une incision peu profonde le long du dos des crevettes pour enlever les veines. Placez les têtes et les carapaces ainsi que le dashi dans une casserole chauffée à feu moyen. Modifiez si nécessaire l'intensité pour que le dashi ne bouille pas, mais qu'il puisse mijoter.

Pendant ce temps, faites une incision dans la partie centrale des tomates et, pour les éplucher, plongez-les préalablement dans l'eau bouillante pendant quelques minutes. Épluchez-les et coupez-les en deux horizontalement afin d'enlever les pépins et de les trancher ensuite en morceaux de la taille d'une bouchée.

À l'aide d'une écumoire, retirez du dashi les têtes et les carapaces de crevettes et jetez-les. Mettez les crevettes à la place et faites-les cuire 3 minutes, ou jusqu'à ce qu'elles soient rouges. Ajoutez les gombos.

Placez les pâtes de miso dans un petit bol, ajoutez une louche de soupe par-dessus afin de les dissoudre. Reversez le mélange dans la casserole, remontez le feu et portez la soupe à ébullition. Ajoutez alors les tomates. La soupe est prête à être versée dans deux bols et servie avec des baguettes.

Jouons cartes sur table... Combien de fois avez-vous regretté un dîner lourd pris tard dans la soirée, sachant parfaitement que ce que vous veniez de manger constituerait un potentiel énergétique non utilisé et marquerait sans doute une nuit très agitée ? Manger beaucoup le soir est une très mauvaise idée en général, et encore plus si l'on tente de perdre du poids. Pourtant, tout comme vous, je l'ai fait un nombre incalculable de fois, le soir étant le seul moment où je pouvais prendre le temps de cuisiner et d'être avec ma famille et mes amis.

Dans ce chapitre, je vous propose des recettes délicieuses – bien sûr ! –, peu caloriques, faciles à digérer, mais pourtant nourrissantes, pour mettre un point final à une journée et vous garantir le sommeil réparateur d'une très belle nuit.

Dîners légers

Préparation du riz pour sushi

Pour 2 personnes

- 200 g de riz rond
- 1 morceau de kombu (10 x 15 cm)
- 220 ml d'eau

Pour l'assaisonnement

- 2 cuill. à soupe de vinaigre de riz
- 1 cuill. à soupe de sucre
- 1 cuill. à café de sel

Mettez le riz dans un saladier, recouvrez-le d'eau froide et remuez rapidement avec les mains jusqu'à ce que l'eau ait pris une couleur laiteuse. Jetez cette eau et recommencez l'opération jusqu'à ce que l'eau soit et reste claire.

Mettez le riz dans une passoire et réservez au moins 30 minutes (1 heure si vous avez le temps). Laisser reposer le riz est particulièrement important lors de la préparation du riz pour sushi, car il a ainsi le temps d'absorber l'humidité et de gonfler.

Placez le riz dans une casserole à fond épais dotée d'un couvercle hermétique – une petite casserole Le Creuset® serait idéale ! Ajoutez l'eau et le kombu, couvrez et portez à ébullition à feu moyen.

Vous ne devez pas soulever le couvercle ; pour savoir comment se déroule la cuisson, fiez-vous à la fine vapeur et aux sons qui s'échappent de la casserole. Passez à un feu vif et laissez cuire 3 minutes. Éteignez le feu. Surtout, ne soulevez toujours pas le couvercle, mais laissez la vapeur agir entre 10 et 15 minutes.

Pour préparer l'assaisonnement, mélangez tous les ingrédients dans un bol non métallique et remuez jusqu'à ce que le sucre et le sel soient totalement dissous. Enlevez le kombu et placez le riz dans un saladier peu profond et légèrement mouillé.

Versez l'assaisonnement sur le riz et, à l'aide d'une cuillère en bois, remuez avec une grande délicatesse pour que le riz soit parfaitement imprégné de l'assaisonnement et prenne un aspect nacré.

Éventez le riz pendant que vous le remuez – l'idéal serait d'avoir quelqu'un pour éventer pendant que vous remuez. Cette tâche est traditionnellement confiée à un jeune apprenti dans les restaurants de sushi au Japon. Si vous n'utilisez pas immédiatement le riz, recouvrez-le d'un linge propre humidifié et mangez-le le jour même. Le riz pour sushi peut être préparé 3 heures à l'avance, mais il ne doit jamais être placé au réfrigérateur.

Sushi d'aubergine et de brocoli

Pour 2 personnes

- 1 aubergine moyenne
- 6 têtes de brocoli épluchées
- 200 g de riz pour sushi (*cf.* p. 132)
- 2 cuill. à soupe de gari coupé fin (condiment à base de gingembre)
- 1 cuill. à soupe de graines de sésame grillées
- Sel

Les aubergines sont très peu caloriques (29 kcal pour 100 grammes) et leur chair possède la capacité d'absorber toutes les saveurs que vous aurez envie de lui associer. Même si l'aubergine ne possède pas de nutriments particulièrement remarquables, elle contient du polyphénol, un antioxydant bien connu qui ralentit le processus de vieillissement.

Coupez l'aubergine en morceaux dans le sens de la longueur, puis en biseau pour en faire des morceaux de la taille d'une bouchée en forme de losange. Portez une casserole d'eau salée à ébullition et faites blanchir l'aubergine 2 minutes. Égouttez-la dans une passoire et saupoudrez-la de sel pour lui redonner ses couleurs. Dans le même temps, portez une seconde casserole d'eau salée à ébullition, faites blanchir le brocoli et égouttez-le. Mettez le riz pour sushi dans un saladier, ajoutez le gari et remuez soigneusement pour bien l'incorporer.

Répartissez la préparation dans deux assiettes, placez dessus l'aubergine et le brocoli, garnissez de graines de sésame et servez avec des baguettes.

Sushi aux pousses de bambou

Pour 2 personnes

- 1 filet de haut de cuisse de poulet
- 100 g de pousses de bambou
- 1/2 poche de tofu frit
- 200 g de riz pour sushi (*cf.* p. 132)
- 200 ml de dashi (*cf.* p. 106)
- 2 cuill. à soupe de sauce de soja
- 2 cuill. à soupe de mirin
- 1 petite poignée de nori en paillettes
- 1 cuill. à soupe de gari coupé fin (condiment à base de gingembre)

Hors du Japon, les pousses de bambou sont vendues prêtes à consommer, sous vide ou en conserve.

Sortez les pousses de bambou de leur emballage et passez-les sous l'eau. Essuyez-les et coupez-les en morceaux de la taille d'une bouchée. Placez la 1/2 poche de tofu dans une passoire et versez dessus de l'eau bouillante afin d'enlever l'huile en excès. Puis essuyez-la et coupez-la en petits morceaux.

Enlevez la peau de poulet et jetez-la. Coupez le poulet en petits morceaux de la taille d'une bouchée. Mettez les pousses de bambou, le tofu et le poulet dans une casserole peu profonde, versez le dashi, la sauce de soja et le mirin. Portez à ébullition sur feu vif. Réduisez ensuite le feu pour laisser la préparation mijoter 15 à 20 minutes, jusqu'à ce que le jus de cuisson soit évaporé.

Mettez le riz pour sushi dans un saladier, ajoutez le mélange à base de pousses de bambou et amalgamez soigneusement. Répartissez votre préparation dans deux assiettes. Saupoudrez de nori, garnissez de gari et servez avec des baguettes.

Sushi au saumon fumé

Pour 2 personnes

- 50 g de saumon fumé coupé grossièrement
- 2 grosses poignées de roquette
- 200 g de riz pour sushi (*cf.* p. 132)
- ½ oignon rouge ou blanc coupé fin
- Le jus de 1 citron vert
- 2 cuill. à soupe de câpres coupées fin
- 2 cuill. à soupe d'œufs de saumon mélangés à 1 cuill. à soupe de saké
- L'équivalent de 1 feuille de nori en paillettes pour la garniture

Le sushi est un mets délicieux, peu calorique et donc idéal pour le dîner. Si vous le pouvez, utilisez de la roquette sauvage à la saveur prononcée et particulière. Sinon, recourez à celle de votre maraîcher !

Faites tremper les tranches d'oignon dans un bol d'eau froide 10 minutes (le trempage permet de se débarrasser de l'odeur peu agréable de l'oignon tout en conservant son goût si agréable et sa texture croquante), puis égouttez.

Mettez le riz pour sushi dans un saladier, versez le jus de citron vert et mélangez avec les câpres.

Répartissez la préparation dans deux assiettes, déposez dessus les morceaux de saumon et terminez par les feuilles de roquette. Parsemez d'oignon, versez 1 cuillerée d'œufs de saumon dans chaque assiette et garnissez de paillettes de nori. Servez avec des baguettes.

Sushi au thon mariné

Pour 2 personnes

- 100 g de steak de thon coupé en dés
- 1 poignée de roquette coupée grossièrement
- 130 g de cresson
- 1 oignon nouveau coupé fin
- 200 g de riz pour sushi (*cf.* p. 132)
- 2 cuill. à soupe de graines de sésame grillées
- 1 poignée de nori en paillettes

Pour la marinade au soja

- 1 oignon nouveau coupé fin
- 1 cuill. à soupe de graines de sésame grillées
- 2 cuill. à soupe de sauce de soja
- 2 cuill. à café de pâte de wasabi
- 1 cuill. à soupe de saké

Ce plat régional de la préfecture de Mie (au sud-est de Nagoya) doit son nom japonais, *tekone zushi*, au fait que le thon mariné dans le soja est mélangé au riz pour sushi, à la main. C'est une façon très agréable et on ne peut plus tactile de préparer un sushi. Cependant, si vous préférez, vous pouvez servir thon et riz séparément.

Mettez le thon dans un saladier non métallique avec tous les ingrédients de la marinade et laissez reposer 30 minutes. Puis retirez le thon et essuyez-le délicatement.

Mettez le riz pour sushi dans un saladier à fond plat et ajoutez le thon mariné, la roquette, l'oignon nouveau et le cresson. Mélangez tous les ingrédients avec les mains pour un bon amalgame. Répartissez la préparation dans deux assiettes. Parsemez de graines de sésame et de nori en paillettes, et servez avec des baguettes.

Sushi à la chair de crabe et à la grenade

Pour 2 personnes

- 100 g de fèves fraîches ou surgelées (selon la saison)
- 200 g de riz pour sushi (*cf.* p. 132)
- Les pépins d'une grenade et son jus
- 100 g de chair de crabe cuite, prête à consommer
- 2 cuill. à soupe de coriandre fraîche coupée fin
- 1 cuill. à soupe de menthe fraîche coupée fin
- 1 cuill. à soupe de graines de sésame grillées

Pour l'assaisonnement

- 2 cuill. à soupe de vinaigre de vin rouge
- 2 cuill. à soupe de jus de grenade

La grenade est considérée comme le fruit aux mille vertus, du fait de ses propriétés antioxydantes. Elle pourrait jouer un rôle non négligeable face aux maladies cardio-vasculaires, au vieillissement prématuré, à l'apparition de la maladie d'Alzheimer et au cancer. Originaire de Perse, ce fruit a été introduit dans de nombreux mythes et œuvres d'art. Dans la recette rafraîchissante que je vous propose ici, aussi séduisante pour l'œil que pour le palais, j'utilise le fruit et le jus de la grenade.

Faites cuire 3 minutes les fèves, égouttez-les et enlevez l'enveloppe externe – c'est une tâche minutieuse, je vous l'accorde, mais elle en vaut vraiment la peine ! Mélangez le vinaigre de vin rouge et le jus de grenade pour préparer l'assaisonnement.

Mettez le riz pour sushi dans un saladier, ajoutez la grenade, les fèves et la chair de crabe. Versez dessus l'assaisonnement et remuez délicatement le riz pour qu'il soit imprégné de manière homogène.

Répartissez la préparation dans deux assiettes, garnissez de coriandre et de feuilles de menthe, parsemez de graines de sésame. Servez avec des baguettes.

Kayu campagnard au poulet et au miso

Pour 2 personnes

- 100 g de filet de haut de cuisse de poulet, sans gras et coupé en morceaux
- 1 carotte brossée
- 1 poireau épluché
- 4 pois gourmands coupés en biseau
- 2 oignons nouveaux coupés fin en biseau
- 2 champignons shiitake, pieds enlevés, chapeaux tranchés
- 80 g de riz rond ou brun
- 50 g de bardane congelée (disponible dans les épiceries japonaises)
- 600 ml de dashi (*cf.* p. 106 : rustique ou à l'eau)
- 4 cuill. à soupe de pâte de miso de couleur intermédiaire
- 1 cuill. à café de graines de sésame grillées
- ½ cuill. à soupe d'huile de sésame
- 1 cuill. à soupe de saké

En japonais, le kayu désigne la soupe ou la bouillie de riz. Son origine remonterait aux pratiques d'un vénérable temple bouddhiste zen, où les moines commençaient leur dure journée de labeur par un bol de bouillie de riz et quelques tranches de condiments. Le petit déjeuner des moines est un souper idéal pour nous ! Il existe plusieurs types de kayu, qui se différencient par les proportions de liquide et de riz. Je vous propose un kayu fait de sept volumes de liquide pour un volume de riz. Il s'agit d'un kayu nourrissant, débordant de parfums et de saveurs, qui calera bien votre estomac, tout en vous donnant un moral d'acier !

Lavez et rincez le riz sous l'eau froide jusqu'à ce que l'eau soit claire, puis versez-le dans une passoire pour qu'il s'égoutte au moins 30 minutes. Mettez le poulet dans un saladier et versez dessus le saké.

Coupez la carotte et le poireau en deux dans le sens de la longueur, puis recoupez-les en biseau. Dans un wok chauffé à feu moyen, mettez l'huile de sésame. Au moment où l'huile va commencer à fumer, mettez le poulet et saisissez-le 3 minutes. Ajoutez le riz, la bardane, la carotte et le poireau pour 2 à 3 minutes, puis versez le dashi. Lorsque le dashi est arrivé à ébullition, réduisez le feu, mettez le couvercle du wok et laissez cuire 20 minutes.

Ajoutez les champignons et les pois gourmands dans le wok. Remuez et laissez cuire 5 minutes supplémentaires. Mettez la pâte de miso dans une louche et plongez-la dans le riz pour qu'elle se dissolve, puis incorporez-la.

Ajoutez les oignons nouveaux et remuez délicatement tous les ingrédients dans le wok avant d'éteindre le feu. Répartissez votre préparation dans deux bols, parsemez de graines de sésame et servez sans plus attendre avec des baguettes.

Kayu de shiitake aux épinards

Pour 2 personnes

- 80 g de riz rond ou brun
- 100 g d'épinards, nettoyés et coupés grossièrement
- 4 chapeaux de champignons shiitake séchés
- 1 oignon nouveau
- 560 ml de dashi (*cf.* p. 106)
- 2 cuill. à soupe de sauce de soja
- 1 cuill. à soupe de mirin
- 1 cuill. à café de graines de sésame grillées
- ½ cuill. à soupe d'huile de sésame

Cette adaptation culinaire d'une recette de médecine traditionnelle chinoise allie plusieurs variétés de champignons séchés, destinés à dynamiser le système immunitaire. Toutefois, nul besoin d'être au bout du rouleau pour l'apprécier !

Lavez et rincez le riz à l'eau froide, versez-le dans une passoire et laissez-le s'égoutter 30 minutes. Mettez les shiitake dans un saladier, recouvrez-les d'eau bouillante pour les ramollir, puis réservez-les avec leur liquide.

Aspergez le riz d'huile de sésame, remuez-le pour une bonne absorption, puis mettez-le dans une casserole à fond épais et ajoutez le dashi. Égouttez les champignons, tranchez-les et ajoutez-les au riz avec leur liquide. Faites chauffer la casserole à feu vif et portez à ébullition. Puis réduisez le feu et laissez mijoter 25 à 30 minutes.

Assaisonnez avec la sauce de soja et le mirin. Ajoutez les épinards, remuez soigneusement, puis éteignez le feu. Versez le kayu dans deux bols chauffés, garnissez d'oignon nouveau coupé fin en biseau, parsemez de sésame et servez avec des baguettes.

Kayu de wakame au miso et aux shimeji

Pour 2 personnes

- 80 g de riz rond ou brun
- ½ carotte brossée
- 1 oignon nouveau coupé fin
- 1 paquet de champignons shimeji
- 560 ml de dashi (*cf.* p. 106)
- 1 cuill. à soupe de wakame séché trempé dans l'eau
- 2 cuill. à soupe de pâte de miso de couleur intermédiaire

Voici une combinaison savoureuse et excellente pour la santé de riz, d'algues, de champignons et de pâte de miso.

Lavez et rincez le riz sous l'eau froide, jusqu'à ce que l'eau soit claire et mettez-le dans une passoire afin qu'il s'égoutte au moins 30 minutes. Puis placez-le dans une casserole à fond épais avec le dashi. Mettez à feu vif et à couvert, et portez à ébullition. Lorsque le riz est sur le point de bouillir et pourrait déborder, baissez le feu et laissez mijoter 20 minutes.

Coupez la base des champignons shimeji et séparez-les à la main. Égouttez le wakame et ajoutez-le au riz avec la carotte coupée en biseau et les champignons. Laissez mijoter 10 minutes, puis ajoutez l'oignon nouveau.

Placez la pâte de miso dans une louche et immergez-la dans le riz pour lui permettre de se dissoudre avant de l'incorporer. Éteignez le feu. Versez votre préparation dans deux bols et servez avec des baguettes.

Kayu de chair de crabe

Si vous parvenez à trouver du crabe frais, ce sera l'occasion d'essayer cette recette de kayu, délicieuse et délicate.

Pour 2 personnes

- Un crabe plein (200 g de chair)
- 80 g de riz rond ou brun
- 100 g de chou chinois coupé
- 2 oignons nouveaux coupés fin en biseau
- 1 œuf légèrement battu
- 600 ml de dashi (*cf.* p. 106 : rustique ou à l'eau)
- 2 cuill. à soupe de sauce de soja
- 2 cuill. à soupe de saké
- 1/2 cuill. à café de sel

Lavez et rincez le riz sous l'eau froide jusqu'à ce que l'eau soit claire et mettez-le dans une passoire pour qu'il s'égoutte au moins 30 minutes.

Pendant ce temps, décortiquez le crabe et réservez sa chair. Mettez le riz, le chou chinois, le corps et les pinces du crabe dans une casserole à fond épais. Versez-y le dashi et portez à ébullition à feu vif.

Lorsque la préparation bout et s'apprête à déborder, baissez le feu et laissez cuire 25 à 30 minutes. Enlevez le corps et les pinces du crabe, et ajoutez sa chair. Assaisonnez avec le saké, le sel et la sauce de soja et attendez la nouvelle ébullition.

Versez l'œuf et mélangez pour qu'il s'incorpore bien à la préparation. Éteignez le feu lorsque l'œuf commence à prendre. Versez le kayu dans deux bols préalablement chauffés, garnissez d'oignons nouveaux et servez sans plus attendre avec des baguettes.

Kayu de crevettes

Je pense qu'il est bon d'avoir en tête quelques recettes qui se préparent en deux temps trois mouvements avec ce que l'on a dans le réfrigérateur. En voici une, délicieuse et rapide à faire !

Pour 2 personnes

- 100 g de crevettes congelées
- 80 g de riz rond ou brun
- Quelques brins de coriandre coupés grossièrement
- 2 œufs légèrement battus
- 560 ml de dashi (*cf.* p. 106 : rustique ou à l'eau)
- 1 1/2 cuill. à soupe de sauce de soja
- 1 1/2 cuill. à soupe de saké

Lavez et rincez le riz sous l'eau froide jusqu'à ce qu'elle soit claire, puis placez-le dans une passoire pour qu'il s'égoutte au moins 30 minutes.

Mettez le riz dans une casserole à fond épais avec les crevettes, versez ensuite le dashi, le saké et la sauce de soja. Faites chauffer à feu vif et portez la préparation à ébullition. Réduisez le feu pour laisser mijoter 20 minutes.

Ajoutez les œufs et remuez pour bien les incorporer. Faites cuire 3 minutes supplémentaires, puis éteignez le feu. Répartissez la préparation dans deux bols préalablement chauffés. Garnissez de coriandre et servez avec des baguettes.

Kayu d'huîtres

Pour 2 personnes

- 10 huîtres fraîches (sans leurs coquilles)
- 80 g de riz rond ou brun
- 1 oignon nouveau coupé fin
- La peau de 1/2 citron coupée fin
- 1 cuill. à café de racine de gingembre fraîche râpée
- Quelques brins de coriandre fraîche coupés grossièrement
- 560 ml de dashi (*cf.* p. 106 : rustique, aux anchois ou à l'eau)
- 1 cuill. à soupe de sauce de soja
- L'équivalent d'une feuille de nori en paillettes
- 1/2 cuill. à café de sel

Le kayu se digère très facilement, tout en étant très nourrissant... En ajoutant des huîtres, vous introduirez une note fastueuse dans votre dîner ! Pour cette recette, je vous propose deux types de garnitures : l'une composée d'écorce de citron, de coriandre et de nori, l'autre uniquement d'oignon frais ; à vous de choisir !

Lavez et rincez le riz sous l'eau froide jusqu'à ce que l'eau soit claire, puis placez-le dans une passoire afin qu'il s'égoutte au moins 30 minutes. Mettez les huîtres dans une autre passoire, passez-les rapidement sous l'eau froide, puis laissez-les s'égoutter.

Placez le riz, le dashi, le sel et la sauce de soja dans une casserole en fonte à fond épais avec son couvercle. Portez à ébullition à feu vif, puis laissez cuire 5 minutes. Lorsque la préparation s'apprête à déborder, mettez le couvercle et réduisez le feu pour une cuisson de 25 à 30 minutes.

Puis, ajoutez les huîtres, mélangez et attendez l'ébullition suivante. Ajoutez, en continuant de remuer, le gingembre râpé, puis éteignez le feu. Répartissez le kayu dans deux bols préalablement chauffés. Garnissez d'écorce de citron, de coriandre et de nori en paillettes ou, pour une garniture plus dépouillée, contentez-vous de quelques tranches d'oignon nouveau. Servez immédiatement avec des baguettes.

Dorade au dashi

Pour 2 personnes

- 100 g de filet de dorade
- 100 g de riz rond
- 60 g de cresson pour la garniture
- 175 ml de dashi (*cf.* p. 106 : raffiné ou à l'eau)
- 2 cuill. à soupe de sauce de soja
- 2 cuill. à soupe de saké
- ½ cuill. à café de sel

L'aspect, la texture et le goût de la dorade ont fait d'elle le poisson préféré des Japonais. Aucun repas de fête ne pourrait être réussi sans la présence de ce beau poisson. D'un point de vue nutritionnel, il est riche en protéines d'excellente qualité et facile à digérer.

Lavez et rincez le riz sous l'eau froide jusqu'à ce que l'eau soit claire et mettez-le dans une passoire pour que l'égouttage se poursuive au moins 30 minutes.

Pendant ce temps, préchauffez le grill et coupez le poisson en diagonale pour créer des morceaux de la taille d'une bouchée de 1,5 cm d'épaisseur. Saupoudrez de sel et réservez 10 minutes. Puis, faites griller le poisson 2 minutes de chaque côté.

Mettez le riz dans une casserole peu profonde à fond épais. Ajoutez le dashi, la sauce de soja et le saké. Couvrez et portez à ébullition à feu moyen. Laissez cuire 10 minutes, ou jusqu'à ce que le liquide de cuisson se soit évaporé.

Mettez le poisson dans la casserole et laissez cuire 5 minutes supplémentaires. Éteignez le feu et laissez la vapeur s'échapper 10 minutes. Garnissez de cresson et servez avec des baguettes.

Soupe de riz aux trois légumes

Pour 2 personnes

- 150 g de riz rond
- 50 g de riz à pudding
- 25 g de petits pois
- 25 g de fèves
- 1 morceau de kombu (7 x 5 cm)
- 25 g d'edamame (haricots de soja)
- 1 cuill. à café de graines de sésame noir grillées
- 2 cuill. à soupe de saké
- 1/2 cuill. à café de sel
- 300 ml d'eau

Vous pouvez associer les légumes comme bon vous semble, mais je dois avouer que cette recette est particulièrement délicieuse avec les edamame, les petits pois et les fèves – si les deux derniers sont aisément disponibles frais ou congelés, l'edamame est encore peu connu en France ; s'il reste introuvable, à vous de le remplacer par un légume de votre choix.

Rincez les deux types de riz jusqu'à ce que l'eau soit claire. Mettez-les ensuite dans une casserole à fond épais dotée d'un couvercle hermétique. Ajoutez les 300 ml d'eau, le kombu et faites cuire à feu doux 30 minutes.

Ajoutez les légumes, le saké et le sel. Replacez le couvercle et portez à ébullition à feu doux. Attendez l'ébullition sans soulever le couvercle – pour cela, utilisez vos oreilles (bruit de cuisson) et vos yeux (filet de vapeur).

Puis, passez à un feu vif pour cuire la soupe 3 minutes et éteignez le feu. Laissez la vapeur agir 10 minutes supplémentaires avant de remuer pour redonner du volume au riz.

Répartissez la préparation dans deux bols, parsemez de graines de sésame et servez avec des baguettes.

Okonomiyaki (crêpe japonaise)

Pour 2 personnes

- 4 tranches de bacon coupées en morceaux de la taille d'une bouchée
- 200 g de chou nouveau (chou pointu ou chou-laitue) coupé fin
- 2 oignons nouveaux coupés fin
- 25 g de racine de gingembre fraîche râpée
- 100 g de germes de soja lavés et égouttés
- 2 œufs
- 2 poignées de copeaux de bonite (poisson proche du thon)
- 2 cuill. à soupe de sauce pour okonomiyaki
- 2 cuill. à soupe de nori en paillettes
- 4 cuill. à soupe de farine
- 1 cuill. à soupe d'huile
- 1/2 cuill. à café de sel

L'okonomiyaki est au Japon ce que la crêpe est en France. Vendu dans les rues de Tokyo depuis trois siècles, il se compose généralement de chou, d'œufs et de farine assaisonnée qui agit comme un liant. Cette sorte de crêpe japonaise est à faire cuire sur une plaque chauffante.

Mettez le chou, les germes de soja, les oignons nouveaux, le gingembre râpé, la farine, le sel et les œufs dans un grand saladier. Utilisez une cuillère pour mélanger en douceur, mais en effectuant des mouvements tournants en profondeur – pas trop longtemps pour ne pas obtenir un mélange lourd et collant.

Faites chauffer une poêle à crêpes à feu moyen et versez 1/2 cuillerée à soupe d'huile. Versez la moitié de la préparation dans la poêle, parsemez de bacon et de copeaux de bonite – la chaleur va disperser les copeaux, inutile d'y toucher.

Faites cuire 5 à 6 minutes, retournez la « crêpe » et laissez-la cuire de l'autre côté 6 à 7 minutes. Retournez une nouvelle fois et laissez cuire 3 minutes. Retirez la poêle du feu et gardez au chaud pendant la préparation de la seconde moitié de votre préparation, en suivant exactement le même processus.

Placez les « crêpes » sur deux assiettes, aspergez de sauce pour okonomiyaki et étalez-la sur toute la surface avec le dos d'une cuillère. Parsemez de nori en paillettes et servez avec des baguettes.

Okonomiyaki de courgettes avec du thon

Pour 2 personnes

- 170 g de thon en boîte, égoutté et émietté
- 4 courgettes lavées et épluchées
- 1 poivron rouge, épépiné et coupé fin
- 2 gousses d'ail râpées
- 1 oignon rouge coupé fin
- 1 belle poignée de persil plat coupé fin
- 2 œufs
- 4 cuill. à soupe de farine
- 1 cuill. à café de flocons de piment
- 1 poignée de copeaux de bonite (poisson proche du thon)
- 1 cuill. à soupe d'huile
- ½ cuill. à café de sel

J'ai créé cette adaptation d'une recette d'okonomiyaki classique durant un été où la production de courgettes de mon jardin potager ne semblait pas avoir de fin !

À l'aide d'une mandoline japonaise, râpez les courgettes, pressez-les pour éliminer l'eau superflue et passez une fourchette dessus pour leur redonner leur apparence initiale. Dans un grand saladier, mettez tous les ingrédients, à l'exception de l'huile et de la bonite. Mélangez et incorporez en effectuant des mouvements tournants en profondeur – attention de ne pas mélanger trop longtemps, la préparation risquerait de devenir excessivement lourde et collante.

Faites chauffer ½ cuillerée à soupe d'huile dans une poêle à feu moyen. Divisez le mélange en deux portions. Placez l'une des portions dans la poêle et étalez-la sans l'écraser, pour obtenir une « crêpe » de la taille d'une assiette à dessert.

Laissez cuire 6 à 7 minutes, puis retournez la « crêpe » et faites cuire l'autre côté 5 à 6 minutes. Répétez l'opération avec l'autre moitié de la préparation et le reste d'huile. Faites glisser les okonomiyaki sur des assiettes, garnissez-les de copeaux de bonite et servez avec des baguettes.

Ragoût de saumon

Pour 2 personnes

- 100 g de filet de saumon coupé en biseau en morceaux de la taille d'une bouchée
- 1 carotte brossée
- 1 poireau épluché et coupé fin en biseau
- 100 g de chou chinois tranché fin
- 1 cuill. à soupe de jus de citron
- 1 gousse d'ail râpée
- 200 g de daikon brossé
- 400 ml de dashi (*cf.* p. 106)
- 4 cuill. à soupe de pâte de miso rouge ou de couleur intermédiaire
- 4 cuill. à soupe d'un mélange d'algues séchées

Le ragoût est un grand classique de la cuisine japonaise. Famille et amis sont assis en cercle autour d'un grand plat posé sur la table, composé de produits régionaux ou de saison. J'ai adapté la recette pour en faire un dîner sain et savoureux, mais facile à préparer pour tous ceux et celles qui ne se sentent pas une vocation de cordon bleu !

Versez le mélange d'algues dans un saladier, recouvrez-le d'eau et réservez-le pour lui laisser le temps de ramollir. Coupez le daikon en tranches de 1 cm d'épaisseur, puis recoupez chaque tranche en quatre. Coupez la carotte en tranches de 1 cm d'épaisseur et en biseau. Mettez le daikon et la carotte dans une casserole avec le dashi et portez à ébullition, à feu moyen.

Égouttez le mélange d'algues et, lorsque le dashi commence à bouillir, réduisez le feu et ajoutez les algues, le poireau, le chou, l'ail et le saumon. Faites cuire 10 minutes. Mettez la pâte de miso dans un bol avec une louche de dashi pour faciliter sa dissolution avant de la verser dans la casserole. Augmentez le feu et portez le dashi à ébullition (1 seconde). Remplissez deux bols préalablement chauffés, arrosez de jus de citron et servez avec des baguettes.

Ragoût de tofu

Pour 2 personnes

- 200 g de tofu soyeux
- 1 poignée d'oignons nouveaux coupés fin
- 1 morceau de kombu (10 x 15 cm)
- Sauce de soja
- 1 poignée de copeaux de bonite (poisson proche du thon)
- 400 ml d'eau

Il est important de ne pas faire cuire le tofu trop longtemps car alors il se troue et devient spongieux. En matière de tofu, voici un secret : il s'agit plus de chauffer que de cuire !

Placez le kombu au fond d'une casserole, recouvrez-le de 400 ml d'eau et laissez infuser 30 minutes.

Coupez le tofu en cubes de 2,5 cm. Faites chauffer la casserole contenant le kombu à petit feu pour obtenir une ébullition en douceur. Lorsque de petites bulles apparaissent à la surface, ajoutez le tofu pour qu'il chauffe – il est prêt lorsque les cubes remuent dans l'eau. Éteignez le feu et répartissez la préparation dans deux assiettes préalablement chauffées. Servez avec de la sauce de soja, des copeaux de bonite et des oignons nouveaux.

Salade chaude de carrelet dans une sauce au yofu

Pour 2 personnes

- 200 g de carrelet
- 200 g de têtes de brocolis
- 6 pointes d'asperges
- 10 haricots verts fins épluchés
- 4 cuill. à soupe pleines de fèves
- 4 cuill. à soupe de saké
- Sel et poivre fraîchement moulu

Pour la sauce crémeuse au yofu

- 4 cuill. à soupe de graines de sésame grillées moulues
- 6 cuill. à soupe de yofu (yaourt de tofu)
- 2 cuill. à soupe de sauce de soja
- 1 cuill. à soupe de miel liquide
- ½ cuill. à café d'huile de sésame

Le carrelet est un poisson maigre, peu calorique, qui contient des protéines de grande qualité. Il est riche en vitamines B1 et B2 qui jouent un rôle dans l'apaisement des tensions nerveuses, mais aussi en vitamine D qui participe à l'absorption du calcium et contribue à prévenir l'ostéoporose. Sa chair blanche délicatement parfumée contient du collagène qui aide à préserver une peau jeune. L'hiver et le début du printemps sont les deux meilleurs moments pour manger du carrelet. Proposer ce remarquable poisson sur une salade chaude est une idée délicieuse ! Pour cette recette, utilisez deux paniers vapeur en bambou.

Coupez le poisson en morceaux de la taille d'une bouchée et placez-les dans un plat peu profond qui pourra rentrer dans l'un des paniers vapeur. Versez dessus le saké, salez et poivrez.

Coupez les brocolis en morceaux de la taille d'une bouchée. Tranchez les parties inférieures des asperges et coupez le reste en deux.

Placez le plat de poisson dans l'un des paniers vapeur, ajustez son couvercle et mettez-le sur une casserole contenant suffisamment d'eau pour créer de la vapeur à feu modéré 10 à 12 minutes.

Pendant ce temps, mélangez tous les ingrédients de la sauce crémeuse au yofu.

Mettez les haricots verts dans l'autre panier en laissant suffisamment de place pour les autres légumes et placez ce second panier sous le premier. Laissez cuire 2 minutes, puis ajoutez les autres légumes pour 2 minutes supplémentaires.

Répartissez tous les ingrédients en deux portions égales dans deux assiettes. Versez la sauce dans chacune d'elles et servez avec des baguettes.

Chou farci à la japonaise

Pour 2 personnes

- **200 g de porc maigre haché**
- **½ chou chinois**
- **½ carotte coupée fin**
- **½ oignon coupé fin**
- **1 cuill. à café de racine de gingembre râpée**
- **Quelques feuilles de menthe fraîche coupées très fin**
- **1 jaune d'œuf**
- **200 ml de dashi (*cf.* p. 106)**
- **2 cuill. à soupe de sauce de soja**
- **3 cuill. à café de farine de maïs**
- **½ cuill. à café de sel**
- **½ cuill. à café de poivre**
- **½ cuill. à café d'eau**

J'ai longtemps été une farouche adversaire du four à micro-ondes (et je le reste). Mais j'ai récemment changé quelque peu d'avis sur la question. En effet, le four à micro-ondes est rapide et simple d'utilisation, surtout lorsque l'on prépare des mets en petites quantités.

Cette recette l'utilise, mais si vous n'en avez pas ou êtes résolument contre, vous pouvez le remplacer par une poêle peu profonde dotée de son couvercle.

Coupez le chou en deux moitiés égales (vous avez désormais deux quarts de chou pesant chacun entre 200 et 250 g). Enlevez les parties dures du chou sans le défaire à la base.

Mélangez le porc haché avec l'oignon, la carotte, le gingembre, le jaune d'œuf, le sel, le poivre et 2 cuillerées à soupe de farine de maïs. Divisez ensuite ce mélange en deux portions égales.

Avec le dos d'une cuillère à dessert, répartissez votre préparation entre les feuilles de chou et maintenez-les en place à l'aide de ficelle de cuisine. Placez les quarts de chou dans un plat pour micro-ondes suffisamment large pour contenir le dashi plus tard. Couvrez de film alimentaire transparent que vous piquerez et laissez 8 minutes au four à micro-ondes (chaleur moyenne). Retirez les choux du plat et réservez-les. Lorsqu'ils ont suffisamment refroidi, enlevez la ficelle, coupez-les en petites tranches et répartissez-les sur des assiettes.

Mélangez le reste de farine avec l'eau. Ajoutez le dashi, la sauce de soja et la farine de maïs diluée dans le plat et passez-le au four à micro-ondes 2 à 3 minutes. Versez la sauce ainsi obtenue sur les morceaux de chou, garnissez de feuilles de menthe et servez avec des baguettes.

Il vous arrive d'avoir un petit creux ? Rien d'étonnant à cela. Ça nous arrive à tous.
Le problème, dans ce cas-là, c'est de ne pas se jeter sur le premier encas calorique à portée de main. Car, même si l'on n'est pas au régime, on connaît les méfaits du grignotage intempestif. Voici cinq plats qui vous rassasieront en cas de faim de loup urgente. Il suffit de les préparer à l'avance, lorsque vous avez un peu de temps. Ainsi, vous aurez de quoi calmer vos prochaines fringales de la manière la plus saine qui soit.

Plats pour calmer les petits creux

Dés de konnyaku épicés

Pour 2 personnes

- 270 g de konnyaku
- 1/2 cuill. à café de flocons de piment
- 1 cuill. à soupe de mirin
- 3 cuill. à soupe de sauce de soja
- 1 cuill. à café d'huile de sésame

Le konnyaku (*cf.* p. 122 pour tout savoir sur ses bienfaits) se place très haut sur la liste des produits étranges venus du Japon. Il est vendu sous vide, baignant dans de l'eau citronnée, et possède une grande longévité si vous le conservez au sec dans un placard de votre cuisine. Je prépare généralement les dés de konnyaku en grandes quantités pour pouvoir en grignoter pendant plusieurs jours d'affilée, chaque fois que les petits creux se font un peu trop impérieux !

Prenez le bloc de konnyaku et fractionnez-le en dés. Portez une casserole d'eau à ébullition et pochez les dés de konnyaku 2 à 3 minutes. Égouttez-les et séchez-les avec du papier absorbant.

Faites chauffer un wok à feu vif, ajoutez l'huile et faites sauter les dés de konnyaku 5 minutes.

Revenez à un feu moyen, versez la sauce de soja et le mirin, et poursuivez la cuisson jusqu'à ce que le liquide soit pratiquement évaporé.

Parsemez les dés de konnyaku de flocons de piment et placez-les dans un récipient doté d'un couvercle hermétique.

Astuce

Ne vous inquiétez pas des irrégularités des dés de konnyaku que vous obtenez. Au contraire, plus les surfaces seront larges et plus la saveur sera intense !

Condiments au daikon kiriboshi

Pour 2 personnes

- **1 bloc de tofu frit**
- **50 g de daikon kiriboshi**
- **125 ml de dashi (*cf.* p. 106)**
- **1 cuill. à soupe de mirin**
- **2 cuill. à soupe de sauce de soja**
- **1/2 cuill. à soupe d'huile de sésame**
- **1 cuill. à café de sucre**

Le daikon kiriboshi est vendu sec et râpé. Il se caractérise par sa richesse en minéraux (sodium, potassium, calcium) et en fibres solubles, mais surtout par sa saveur sucrée profondément réconfortante.

Mettez le daikon kiriboshi dans un grand saladier rempli d'eau froide et frottez les fines lanières les unes contre les autres afin de les séparer. Égouttez et réservez 5 minutes le daikon kiriboshi pour accentuer le ramollissement, puis faites-le pocher dans l'eau bouillante 1 minute. Égouttez à nouveau et, lorsqu'il a suffisamment refroidi, coupez les lanières pour en faciliter la manipulation.

Versez de l'eau bouillante sur le tofu frit pour le débarrasser de l'huile en excès. Coupez-le en deux dans le sens de la longueur puis en petits morceaux.

Dans une casserole peu profonde, faites chauffer l'huile à feu vif puis mettez le daikon kiriboshi ; l'huile doit bien l'imprégner. Ajoutez le tofu ; versez ensuite le dashi, le sucre, le mirin et la sauce de soja, et poursuivez la cuisson en baissant le feu et en remuant à l'aide d'une paire de baguettes jusqu'à la disparition quasi totale du liquide de cuisson. Laissez refroidir, transférez votre préparation dans un récipient doté d'un couvercle et consommez dans les trois jours.

Chips de riz

Pour 2 personnes

- **50 g de reste de riz pour sushi** (*cf.* p. 132)
- **1 cuill. à soupe de graines de sésame noir grillées**

Voilà des années que j'avais envie de créer une recette me permettant d'utiliser les restes de riz pour sushi... C'est chose faite avec cette recette de chips de riz que je suis très fière de vous proposer !

Préchauffez le four à 160 °C (th. 5/6), en optant pour la chaleur tournante si vous avez cette possibilité. Mélangez le reste de riz pour sushi avec les graines de sésame et étalez la préparation sur une grande feuille de papier sulfurisé.

Placez une autre feuille sur la préparation et aplatissez-la au maximum à l'aide d'un rouleau à pâtisserie. Enlevez la feuille du dessus et placez le riz dans le four pour une cuisson de 10 à 12 minutes, ou jusqu'à ce que le mélange soit sec, croquant et bruni sur son pourtour.

Laissez refroidir totalement avant de décoller le riz de la feuille du dessous et de le casser en morceaux formant des sortes de chips qui sont à consommer le jour-même.

Confiture de tomate

Voici une façon d'utiliser l'agar-agar pour créer une confiture aussi bonne pour votre santé que belle à regarder, et qui vous permettra de calmer vos petits creux !

- 200 ml de jus de tomate
- 1/2 cuill. à café d'agar-agar dilué dans 1 cuill. à café d'eau
- 1 cuill. à café de nori en paillettes
- Quelques gouttes de vinaigre balsamique (facultatif)

Versez le jus de tomate dans une casserole avec l'agar-agar dilué. Portez à ébullition à feu moyen. Lorsque l'ébullition débute, réduisez le feu et poursuivez la cuisson 2 minutes.

Éteignez le feu, versez la préparation dans un moule et laissez-la refroidir d'abord à température ambiante, puis au réfrigérateur pour qu'elle prenne. Démoulez la confiture et garnissez-la de nori en paillettes. Vous pouvez la couper en dés avant de la placer dans un récipient. Votre confiture de tomate est à consommer dans les deux jours.

La confiture de tomate est particulièrement savoureuse, additionnée de quelques gouttes de vinaigre balsamique.

Confiture au lait de soja et au thé vert

Voici une délicieuse alliance de trois aliments souverains : le thé vert, le lait de soja et l'agar-agar.

- 200 ml de lait de soja
- 1/2 cuill. à café d'agar-agar
- 1 cuill. à café de fructose ou de sucre
- 1 cuill. à café de thé matcha (thé vert en poudre) mélangé à 1 cuill. à soupe d'eau

Versez le lait de soja dans une casserole avec l'agar-agar et portez à ébullition. Laissez cuire 2 à 3 minutes. Ajoutez le sucre, le thé dissous et remuez pour bien mélanger tous les ingrédients.

Éteignez le feu, versez la préparation dans un moule et laissez-la refroidir à température ambiante avant de la placer au réfrigérateur pour qu'elle prenne.

Une fois la confiture prête, coupez-la en dés et dégustez-la dans les deux jours.

Contrairement à la cuisine occidentale, le repas japonais ne se termine pas par un dessert sucré. Je pourrais même ajouter que c'est tout le contraire puisqu'il se termine généralement par un bol de riz accompagné d'un bol de soupe miso et de quelques tranches de légumes macérés. Une fois la table desservie, des fruits de saison peuvent être servis pour accompagner un thé vert, mais cela ne fait plus partie du repas ! Les Japonais adorent les mets sucrés et les desserts, surtout les femmes et les enfants, mais ils sont consommés entre les repas et, le plus souvent, dans l'après-midi, accompagnés d'un thé.

Les bénéfices du thé vert pour la santé et la beauté sont universellement reconnus. Celui-ci contient de la catéchine qui lui donne son petit goût astringent si caractéristique. C'est un antioxydant bien connu qui contribue au ralentissement du processus de vieillissement ainsi qu'à la réduction du cholestérol et de la tension artérielle. Il est aussi très riche en vitamine C, qui agit sur la peau. Pourtant, pour retirer le maximum de bénéfices du thé vert, il ne faut pas le boire, mais le manger ! Cette pratique existe depuis fort longtemps en Chine et au Japon sous forme de cérémonies du thé, où du thé vert en poudre est utilisé. Ainsi, j'ai créé quelques recettes de desserts à base de thé vert pour vous permettre de terminer vos repas par une jolie note sucrée !

Desserts

Crème au thé vert

Pour 2 personnes

- 200 ml de lait de soja
- 2 cuill. à café de thé matcha (thé vert en poudre)
- 2 cuill. à café de graines de sésame grillées
- 2 cuill. à soupe de sucre brun
- 1/2 cuill. à café d'agar-agar
- 2 framboises

L'agar-agar est une algue qui joue le même rôle que la gélatine, à deux différences près : d'abord elle est strictement végétarienne, ensuite elle prend beaucoup plus rapidement. L'agar-agar est aussi dépourvu de calories, mais riche en minéraux (fer et calcium pour l'essentiel), ainsi qu'en fibres solubles qui donnent une impression de satiété qui perdure. L'agar-agar contribue également à la réduction du cholestérol, de la pression sanguine et de la masse graisseuse – voilà donc l'ingrédient idéal pour toutes les personnes qui souhaitent gagner en santé !

Placez les graines de sésame dans un mortier et broyez-les à l'aide d'un pilon. Ajoutez le thé matcha et le sucre brun et recommencez à écraser le mélange pour qu'il soit parfaitement homogène.

Dissolvez l'agar-agar avec 1 cuillerée de lait de soja dans un petit bol. Dans un saladier résistant à la chaleur, versez le reste de lait de soja avec le mélange à base de thé et l'agar-agar. Couvrez le saladier d'un film alimentaire transparent et passez-le au four à micro-ondes (chaleur moyenne) 90 secondes, en remuant plusieurs fois.

Retirez le film transparent et versez votre préparation dans deux verres. Laissez-la refroidir à température ambiante avant de la placer au réfrigérateur. Décorez chaque crème avec une framboise avant de servir. (Pour trois personnes, comme sur la photographie ci-contre, il ne vous reste plus qu'à diviser par deux et multiplier par trois toutes les quantités indiquées.)

Cubes de pastèque

Pour 2 personnes

- 400 g de pastèque épluchée
- 2 cuill. à soupe de graines de sésame blanches
- 2 cuill. à soupe de graines de sésame noires

Voici une façon délicieuse de déguster la pastèque, fruit rafraîchissant par excellence !

Épépinez la pastèque et coupez-la en petits cubes.

Mettez les graines de sésame blanches et noires dans deux assiettes distinctes. Trempez l'une des faces des cubes de pastèque dans l'une ou l'autre assiette en laissant libre cours à votre imagination pour créer des motifs décoratifs. Servez avec des baguettes.

Sorbet au thé vert

Pour 2 personnes

- 2 cuill. à café de thé matcha (thé vert en poudre) mélangées à 2 cuill. à soupe d'eau chaude
- 3 cuill. à soupe de sucre
- 200 ml d'eau

Le sorbet remplace idéalement la glace pour toutes les personnes qui souhaitent faire attention à leur ligne, à condition bien sûr de ne pas mettre 3 kilos de sucre !

Mettez l'eau et le sucre dans une casserole et faites chauffer jusqu'à ce que le sucre ait entièrement fondu. Ajoutez le thé matcha dissous et mélangez soigneusement pour obtenir un mélange homogène. Versez dans un bac à glaçons.

Laissez refroidir la préparation à température ambiante puis, lorsqu'elle est froide, placez le bac dans le congélateur 30 minutes, ou jusqu'à ce que les bords du bac commencent à givrer.

À l'aide d'une fourchette, mélangez pour redonner du volume à ce sorbet en cours de formation et replacez le bac dans le congélateur jusqu'à l'obtention de la consistance désirée.

Crêpes

Pour 2 personnes

- 100 g de farine avec levure intégrée
- 50 g de sucre en poudre
- 1 cuill. à café de thé matcha (thé vert en poudre)
- 1 œuf légèrement battu
- 2 cuill. à soupe de mirin
- Des tranches de fruits de saison de votre choix
- 1 cuill. à café d'huile
- 50 ml d'eau

Cette recette est une adaptation d'un dessert traditionnel japonais, le dorayaki. Il s'agit de boules de crêpes chaudes de la taille d'une balle de tennis, fourrées à la pâte de haricots azuki. Ce mets pourra terminer un repas ou faire office de petit déjeuner sur le pouce !

Tamisez la farine, le sucre et le thé matcha dans un saladier et faites un puits au milieu. Ajoutez l'œuf, le mirin et l'eau. Mélangez à l'aide d'un fouet.

Dans une poêle antiadhésive, versez l'huile et faites chauffer à feu doux. Versez la moitié de votre préparation dans la poêle et laissez cuire 2 à 3 minutes, ou jusqu'à ce que des petits trous apparaissent. Retournez la crêpe et faites cuire l'autre côté 2 à 3 minutes. Répétez l'opération avec la seconde moitié de pâte. Servez les crêpes avec des tranches de fruits.

Entremets au thé vert et pamplemousse

Pour 2 personnes

- 1 pamplemousse
- 1 cuill. à café de thé matcha (thé vert en poudre)
- 1/2 cuill. à café d'agar-agar
- 2 cuill. à soupe de mirin
- 1 cuill. à soupe de sucre en poudre
- 200 ml d'eau

Voici un dessert glacé merveilleux pour les yeux, mais aussi pour votre santé et votre peau !

Mettez l'eau et l'agar-agar dans une casserole. Portez à ébullition à feu moyen sans cesser de remuer, poursuivez ainsi la cuisson 2 minutes et éteignez le feu.

Versez le thé dans un petit saladier et dissolvez-le à l'aide du mirin, en remuant pour obtenir un mélange homogène. Versez ce mélange et le sucre dans l'eau additionnée d'agar-agar. Mélangez. Versez le tout dans un moule et laissez refroidir à température ambiante. Puis mettez au réfrigérateur 10 minutes afin que la préparation prenne.

Épluchez le pamplemousse et coupez-le en quartiers. Avec une cuillère à dessert, versez l'entremets dans deux ramequins en verre réfrigérés. Décorez avec le pamplemousse et servez.

Index

Boutiques en ligne

www.laboutiquedujapon.fr

www.sushiboutique.fr

www.kioko.fr